LA CUISINE JAPONAISE EN TOUTE SIMPLICITÉ

100 RECETTES ÉTAPE PAR ÉTAPE TRADITIONNELLES ET MODERNES

EMANUELL DE ROI

Tous les droits sont réservés.

Avertissement

Les informations contenues i sont destinées à servir de collection complète de stratégies sur lesquelles l'auteur de cet eBook a effectué des recherches. Les résumés, stratégies, trucs et astuces ne sont que des recommandations de l'auteur, et la lecture de cet eBook ne garantit pas que les résultats reflètent exactement les résultats de l'auteur. L'auteur du livre électronique a fait tous les efforts raisonnables pour fournir des informations à jour et exactes aux lecteurs du livre électronique. L'auteur et ses associés ne sauraient être tenus responsables de toute erreur ou omission involontaire qui pourrait être constatée. Le contenu du livre électronique peut inclure des informations provenant de tiers. Les documents de tiers comprennent les opinions exprimées par leurs propriétaires. En tant que tel, l'auteur du livre électronique n'assume aucune responsabilité pour tout matériel ou opinion de tiers.

Le livre électronique est protégé par copyright © 2022 avec tous droits réservés. Il est illégal de redistribuer, copier ou créer un travail dérivé de cet eBook, en tout ou en partie. Aucune partie de ce rapport ne peut être reproduite ou retransmise sous quelque forme que ce soit, reproduite ou retransmise sous quelque forme que ce soit sans l'autorisation écrite expresse et signée de l'auteur.

INTRODUCTION 8
PETIT-DÉJEUNER 10
   1. Oeuf à la diable de Nori 10
   2. Tamagoyaki ; omelette roulée en boîte à bento 12
   3. Dorayaki, crêpes japonaises moelleuses 14
   4. Omelette Japonaise 16
   5. Crêpes à la japonaise 18
   6. Bol de riz pour le petit-déjeuner japonais 20
   7. Tamagoyaki 22
   8. Tonkatsu 24
   9. Sandwich à l'omelette japonaise aux œufs 26
   10. Omelette Roulée Japonaise 28
   11. Hiroshima Okonomiyaki 30
   12. Riz Frit à la Japonaise Hibachi 32
   13. Poêle de petit déjeuner japonaise 34
PLAT PRINCIPAL 36
   14. Délice de porc au four Tonkatsu 36
   15. Tofu sauce au poivre noir 38
   16. Riz shiso au sésame 40
   17. Soupe de nouilles aux champignons japonais 42
   18. Loup de mer japonais au gingembre 44
   19. Salade de pommes de terre japonaise 46
   20. Teriyaki fantaisie japonais 48
   21. Champignons marinés au soja 50
   22. ufs bento ramen 52
   23. Oyakadon japonais aux œufs 54
   24. Boules japonaises au curry (Kare pan) 56
   25. Onigiri 58
   26. Natto 60
   27. Tofu Agedashi 62
   28. Nasu Dengaku 64
   29. Omurice 66
   30. Okonomiyaki 68
   31. Ramen carbonara au fromage 70
   32. yakisoba 72
   33. Katsu de poulet au four 74
   34. Cari de boeuf haché Hayashi 76
   35. Poêlée de nouilles ramen avec steak 78
   36. poulet Teriyaki 80
   37. Bol de saumon japonais 82
   38. Riz Sushi/Chirashi-zushi 84

39. Crevettes et Légumes Grillés 86
40. Poulet dans une marmite/Mizutaki 88
SALADE JAPONAISE 90
41. Salade de concombre japonais 90
42. Salade d'eau japonaise 92
43. Salade Kani 94
44. Oshitashi 96
45. Salade de chou japonais 98
46. Salade de nouilles ramen 100
47. Salade de chimichurri au porc 102
48. Salade verte printanière 104
49. Salade de maïs japonaise 107
50. Sonomono concombre de soja 109
RECETTES DE SOUPE JAPONAISE 111
51. Soupe miso 111
52. Ochazuke 113
53. Ozoni 115
54. Soupe japonaise aux oignons clairs 117
55. Soupe aux boulettes wonton 119
56. Soupe au kimchi et au tofu 121
57. Soupe aux champignons Shio Koji 123
58. Yudofu 125
59. Soupe de riz Ojiya 127
60. Soupe sucrée aux haricots rouges Oshiruko 129
61. Soupe à la pâte de haricots 131
COLLATIONS 133
62. Sauce blanche épicée japonaise 133
63. Bouchées japonaises de saumon et de concombre 135
64. bol japonais de céto-okra 137
65. Poulet croustillant à la sauce 139
66. Potstickers japonais 141
67. Boulettes de viande teriyaki japonaises 143
68. Sandwichs d'été japonais 145
69. Rouleaux de printemps frais avec sauce 147
70. Poulet frit à la japonaise Karaage 149
71. Sardines Confites Tazukuri 151
72. Brochettes Yakitori Grillées 153
73. Boulettes de viande au gingembre doux 155
74. Gâteau de poisson frit Satsuma Age 157
75. Maïs soufflé aux algues nori 159
DESSERTS 161

76. Shochu japonais citronné 161
77. Bonbons mochi 163
78. Brochettes de fruits japonaises 165
79. Agar salsa fruitée 167
80. Coupe japonaise fruitée 169
81. Boulettes de riz japonaises jiggly 171
82. Kinako Dango 173
83. Pudding à la citrouille à la japonaise 175
84. Dorayaki 177
85. Gâteau au fromage japonais moelleux 179
86. Glace au matcha 181
87. Taiyaki 183
88. Zenzaï 185
89. Okoshi 187
90. Dango 189
91. Kasutera 191
RECETTES DE RAMEN ET SUSHI 193
92. Shoyu Ramen 193
93. Ramen miso 195
94. Ramen simple au poulet fait maison 197
95. Ramen végétarien 199
96. Nouilles ramen 201
97. Ramen au porc 203
98. Ramen instantané 205
99. Sushi au thon 207
100. Rouleaux de sushi japonais 209
CONCLUSION 212

INTRODUCTION

Les Japonais ont toujours attiré l'attention du monde, tout cela grâce à leur technologie enviable. Et leur cuisine est un autre domaine de grande admiration pour beaucoup, mais tout le monde ne maîtrise pas la créativité du garde-manger. Eh bien, cela est sur le point de changer car vous découvrirez une cinquantaine de plats japonais incroyables et faciles à préparer à la maison. Avec cela, vous pouvez enfin fermer les yeux et profiter d'un arôme japonais sans fin dans l'air.

La cuisine japonaise comprend principalement les aliments territoriaux et conventionnels du Japon, qui ont été développés au cours de centaines d'années de changements politiques, monétaires et sociaux. La cuisine coutumière du Japon dépend du riz avec de la soupe miso et différents plats ; il y a une accentuation sur les ingrédients de saison.

Il existe différents types d'épices utilisées dans la cuisine japonaise, dont beaucoup ont été discutées en détail dans les chapitres ci-dessous. Vous apprendrez différentes recettes, y compris le petit-déjeuner, le déjeuner, le dîner, le dessert, la salade, les soupes, les collations, les sushis, les alternatives et les recettes traditionnelles et végétariennes.

Toutes les recettes mentionnées dans ce livre sont extrêmement faciles à réaliser soi-même à la maison. Maintenant, ne nous vantons pas trop et commençons enfin à cuisiner japonais à la maison.

PETIT-DÉJEUNER

1. Oeuf à la diable de Nori

Ingrédients

- 7 gros œufs durs. Craquelé et coupé en deux
- 4 feuilles de nori. Couper en lanières
- ½ tasse de mayonnaise
- 2 c. vinaigre de riz
- 2 c. pâte de wasabi
- c. sel de mer

Ingrédients

a) Retirer le jaune des œufs et écraser
b) Ajouter la purée de jaune à la mayo, le sel, le wasabi, le vinaigre et mélanger pour obtenir une pâte parfaite
c) Disposer les blancs d'oeufs dans une assiette
d) Ramasser et déposer le contenu dans le puits de chaque blanc d'œuf
e) Mouiller les lamelles de nori et les déposer sur chaque œuf farci

2. Tamagoyaki ; omelette roulée en boîte à bento

Ingrédients

- 2 gros oeufs
- ½ nori
- 1 ½ c. sucre blanc
- 1 cuillère à café lait
- 2 c. carottes hachées
- 2 c. oignons de printemps finement hachés
- 2 cuillères à soupe. huile de canola

Instructions

a) Dans un petit bol propre, fouetter l'œuf, le lait, le sucre et le nori. Mettre de côté

b) Faire chauffer l'huile dans une grande poêle antiadhésive propre

c) Mélanger et faire revenir les oignons et les carottes pendant 1 minute

d) Retirer du feu et verser le contenu dans le mélange d'œufs. Bien mélanger et remettre dans la casserole graissée

e) Lorsque l'œuf commence à se former, roulez-le pour former une enveloppe

f) Faire revenir 2 minutes en laissant cuire

g) Transférer dans une assiette plate et couper en rouleaux

h) S'amuser!

3. Dorayaki, crêpes japonaises moelleuses

Ingrédients

- 1 tasse. Farine auto montante
- Une pincée de sel
- c. poudre de cannelle
- 3 gros oeufs.
- ½ c. bicarbonate de soude
- ½ tasse de sucre ou de miel
- 4 cuillères à soupe. lait
- ½ livre d'anko (purée de haricots azuki sucrée)

- 2 tasses. Huile végétale pour la friture

Instructions

a) Ajouter le sucre aux œufs cassés et battre jusqu'à homogénéité
b) Dissoudre le bicarbonate de soude dans de l'eau et l'ajouter au mélange d'œufs
c) Incorporer progressivement la farine tamisée en remuant pour une meilleure incorporation
d) Badigeonner une poêle antiadhésive d'un peu d'huile et la faire chauffer
e) Versez une boule de pâte dans la poêle et faites frire. Retournez pour faire l'autre côté
f) Retirer lorsqu'il est légèrement bronzé
g) Faites frire le reste de la pâte de la même manière
h) Lorsque vous êtes prêt, ramassez et placez la pâte de haricots Anko sur chaque crêpe et couvrez-en une autre. Préparer un sandwich.

4. Omelette Japonaise

Portion : 1

Ingrédients:

- Sauce soja, une cuillère à soupe.
- Oeufs, quatre
- Sucre, une cuillère à soupe.
- Mirin, une cuillère à soupe.
- Sel, au besoin
- Huile de cuisson, au besoin

Méthode:

a) Ajoutez une cuillère à soupe de sauce soja, de mirin et de sucre et un peu de sel à votre mélange d'œufs.

b) Mettez une petite quantité d'huile de cuisson dans votre poêle et portez-la à feu moyen. Gardez un peu d'essuie-tout à portée de main pour aider à garder la poêle huilée pendant la cuisson.

c) Ajoutez une petite quantité de votre mélange d'œufs dans la poêle chauffée. Une fois que l'œuf est légèrement cuit pour que le dessus soit encore légèrement non cuit, poussez-le sur le côté de votre poêle.

d) Ajoutez un peu plus d'huile dans la poêle à l'aide du papier essuie-tout et ajoutez une autre petite quantité du mélange d'œufs dans votre poêle.

e) Vous pouvez ensuite commencer à rouler le premier morceau d'œuf sur le mélange que vous venez de mettre dans la casserole jusqu'à ce que vous ayez un petit rouleau d'œuf.

5. Crêpes à la japonaise

Portion : 4

Ingrédients:

- Lait, une tasse et demie
- Poudre à pâte, deux c.
- Sucre, trois cuillères à soupe.
- Sel casher, demi c.
- Beurre non salé, quatre c.
- Oeufs, quatre
- Extrait de vanille, une c.
- Crème de tartre, un quart de c.
- Sirop d'érable, au besoin
- Farine tout usage, une tasse et demie

Méthode:

a) Mélanger la farine, le sucre, la poudre à pâte et le sel dans un grand bol.
b) Mélanger le lait, le beurre fondu, la vanille et le jaune d'œuf dans un bol moyen jusqu'à homogénéité.
c) Battre les blancs d'œufs et la crème de tartre dans un autre grand bol.
d) Incorporer le mélange de lait dans le mélange de farine jusqu'à ce qu'il soit juste combiné. Incorporer ensuite délicatement les blancs d'œufs restants jusqu'à ce qu'ils soient juste combinés.
e) Placez les moules à anneaux préparés au milieu de la poêle et remplissez chacun d'une demi-tasse de pâte.
f) Cuire jusqu'à ce qu'il soit doré des deux côtés.

6. Bol de riz pour le petit-déjeuner japonais

Portion : 1

Ingrédients:

- Oeuf, un
- Nori tranché finement, au besoin
- Hondashi, une pincée
- Mirin, demi c.
- Sauce soja, demi c.
- MSG, une pincée
- Furikake, au besoin
- Riz blanc cuit, une tasse

Méthode:

a) Mettre le riz dans un bol et faire une boule peu profonde au centre.
b) Casser l'œuf entier au centre.
c) Assaisonnez avec une demi-cuillère à café de sauce soja, une pincée de sel, une pincée de MSG, une demi-cuillère à café de mirin et une pincée de Hondashi.
d) Remuer vigoureusement avec des baguettes pour incorporer l'œuf; il doit devenir jaune pâle, mousseux et duveteux.
e) Goûtez et rectifiez l'assaisonnement si nécessaire.
f) Saupoudrer de furikake et de nori, faire une petite boule sur le dessus, et ajouter l'autre jaune d'œuf.
g) Votre plat est prêt à être servi.

7. Tamagoyaki

Taille de portion: 2

Ingrédients:

- Oeufs, trois
- Huile d'olive, une c.
- Shirodashi, deux c.
- Sel, pincée
- Eau, deux cuillères à soupe.

Méthode:

a) Casser les œufs dans un bol à mélanger de taille moyenne.

b) Ajoutez l'assaisonnement et mélangez le tout doucement pour éviter la formation de trop de bulles.

c) Passer le mélange d'œufs au tamis plusieurs fois.

d) Versez environ deux cuillères à soupe. l'huile dans un petit bol et faire tremper du papier absorbant et mettre de côté.

e) Faites chauffer deux c. l'huile d'olive dans la poêle à feu moyen jusqu'à ce que vous puissiez sentir la chaleur lorsque vous passez votre main au-dessus de la poêle.

f) Verser un quart du mélange d'œufs dans la poêle.

g) Brisez les bulles qui se sont formées avec le bord des baguettes et brouillez doucement et légèrement.

8. Tonkatsu

Portion : 4

Ingrédients:

- Oeufs, deux
- Farine, au besoin
- Sauce tonkatsu, pour servir
- Chou Napa râpé, au besoin
- Chapelure, au besoin
- Longes de porc, quatre pièces
- Huile de friture
- Sel, pincée
- Poivre, au besoin

Méthode:

a) Piler pour aplatir la côtelette de longe à environ un quart de pouce. Saler et poivrer les deux côtés de chaque côtelette.

b) Enrober chacun de farine, puis tremper dans les œufs battus et presser dans la chapelure pour enrober les deux côtés.

c) Chauffer une grande poêle avec environ un demi-pouce d'huile jusqu'à ce qu'elle soit chaude.

d) Déposez les escalopes dans l'huile chaude. Faire frire jusqu'à ce qu'ils soient dorés.

e) Égoutter les escalopes sur du papier absorbant et couper le porc en lanières de la taille d'une bouchée qui peuvent être mangées avec des baguettes.

f) Disposer le porc sur une assiette garnie de chou râpé et garnir de quartiers de citron.

9. Sandwich à l'omelette japonaise aux œufs

Taille de portion: 2

Ingrédients:

- Oeufs, deux
- bouillon de soupe japonais, demi c.
- Eau chaude, une c.
- Sauce soja, une c.
- Mayonnaise, au besoin
- Tranches de pain, quatre
- Huile de friture
- Sel, pincée
- Poivre, au besoin

Méthode:

a) Faites fondre le bouillon japonais dans de l'eau chaude et gardez-le au frais.
b) Mélanger tous les ingrédients à l'aide d'un fouet.
c) Mettre l'huile en fine couche dans un récipient résistant à la chaleur de 12 cm × 12 cm.
d) Envelopper le récipient et réchauffer une minute trente secondes au micro-ondes.
e) Sortez-le et gardez-le au frais. Essuyez l'excès d'humidité avec du papier absorbant.
f) Étaler la mayonnaise sur un côté des pains. Mettez l'omelette et coupez-la en quatre morceaux.
g) Votre plat est prêt à être servi.

10. Omelette Roulée Japonaise

Portion : 4

Ingrédients:

- Oeufs, six
- Daikon, pour servir
- Sauce soja, une c.
- Sel, une c.
- Mirin, une cuillère à soupe.
- Sucre en poudre, une cuillère à soupe.
- Feuilles de Shiso, au besoin
- Huile de friture

Méthode:

a) Mélanger le bouillon dashi avec le mirin, le sucre, la sauce soja et le sel.

b) Ajouter aux œufs battus et bien mélanger. Chauffer la poêle à omelette à feu moyen.

c) Versez un peu de mélange d'œufs et inclinez la poêle pour bien enrober.

d) Gardez l'omelette roulée dans la poêle et repoussez-la du côté le plus éloigné de vous.

e) Encore une fois, versez un peu de mélange d'œufs dans le côté vide, soulevez le premier rouleau avec des baguettes et laissez le mélange d'œufs couler en dessous.

f) Répétez le processus jusqu'à ce que tout le mélange d'œufs soit épuisé.

11. Hiroshima Okonomiyaki

Taille de portion: 2

Ingrédients:

- Eau, deux cuillères à soupe.
- Oeufs, trois
- Bacon, six lanières
- Chou, 150g
- Farine d'okonomiyaki, demi-tasse
- Sauce okonomiyaki, deux c.
- Flocons de bonite, au besoin
- Nouilles Yakisoba, deux tasses
- Gingembre mariné, une c.
- Algues Aonori, au besoin

Méthode:

a) Mélangez la farine d'okonomiyaki avec l'eau et un œuf jusqu'à l'obtention d'une pâte lisse sans grumeaux.

b) Ajouter un peu moins de la moitié de la pâte dans une poêle en un joli cercle uniforme.

c) Ajouter la moitié du chou et la moitié des germes de soja sur la pâte, puis le bacon.

d) Versez une cuillère à soupe. de la pâte sur le dessus du mélange et laisser cuire une dizaine de minutes avant de retourner.

e) cuire une portion de yakisoba et déplacer l'okonomiyaki sur les nouilles.

f) Casser un œuf dans un bol et casser le jaune avant de verser dans la première casserole à côté de l'okonomiyaki.

g) Placez l'okonomiyaki sur l'œuf et laissez cuire pendant deux minutes.

h) Garnir et servir.

12. Riz Frit à la Japonaise Hibachi

Portion : 4

Ingrédients:

- Huile de sésame grillé, une cuillère à soupe.
- Sel, au besoin
- Poivre noir moulu, au besoin
- Oeufs, deux
- Riz cuit, quatre tasses
- Sauce soja, deux cuillères à soupe.
- Oignon haché, un
- Beurre, quatre cuillères à soupe.

Méthode:

a) fouetter légèrement ensemble les œufs, le sel et le poivre noir moulu.

b) Ajouter une cuillère à soupe de beurre dans le wok ou la poêle chauffée. Une fois le beurre fondu, ajoutez les œufs et brouillez.

c) Ajoutez une autre cuillère à soupe de beurre dans le wok chauffé. ajouter l'oignon haché. Ajouter le reste de beurre et ajouter le riz cuit.

d) Ajouter la sauce soja et l'huile de sésame grillée avec le riz.

e) Une fois que le riz frit a été légèrement doré, ajoutez l'œuf et remuez pour bien répartir.

f) Servir chaud avec un peu de sauce miam.

13. Poêle de petit déjeuner japonaise

Taille de portion: 2

Ingrédients:

- Patate douce japonaise, demi-tasse
- Carottes tranchées, demi-tasse
- Gingembre frais, demi c.
- Mirin, un quart de tasse
- Champignons tranchés, une tasse
- Tamari, deux cuillères à soupe.
- Oignons blancs, demi-tasse
- Huile de sésame, deux cuillères à soupe.
- Tempeh biologique, un bloc

- Bouillon de légumes, deux tasses

Méthode:

a) Dans une casserole moyenne qui conviendra au bloc de tempeh, mélanger le tempeh et le bouillon de légumes et porter à ébullition.
b) Réduire immédiatement à feu et laisser mijoter doucement une quinzaine de minutes. Une fois terminé, coupez en petits cubes et réservez.
c) Dans une grande poêle, chauffer l'huile puis ajouter les pommes de terre en dés et les carottes tranchées. Ajuster le feu à moyen-élevé et cuire pendant quinze minutes jusqu'à ce que les légumes aient une belle couleur dorée.
d) Ajouter les oignons et le tempeh et continuer à faire sauter pendant environ trois minutes.
e) Ajoutez le chou, l'ail, le gingembre et les champignons, puis remuez rapidement. La poêle doit être très sèche.
f) Déglacez maintenant avec le mirin et le tamari.
g) Remuez quelques minutes pour enrober le tout de glaçage.
h) Votre plat est prêt à être servi.

PLAT PRINCIPAL

14. Délice de porc au four Tonkatsu

Ingrédients

- 1 ½ tasse. Panko (miettes de pain japonaises ou votre chapelure habituelle)
- 1 œuf large. Joliment battu
- 1 ½ cuillère à soupe. huile neutre
- 3 c. farine blanche
- 1 cuillère à café sel casher
- 1 cuillère à soupe. poivre noir
- 3 longes de porc désossées

- Tonkatsu sauce
- Chou râpé (quantité préférée) pour servir

Instructions

a) Préchauffer le four à 300 degrés
b) Mélanger le panko dans une poêle sèche et faire griller. Remuer et verser un peu d'huile jusqu'à ce qu'elle devienne dorée
c) Assaisonner le porc avec le sel et le poivre et mélanger la farine dessus. Assurez-vous que tous les côtés des longes de porc sont recouverts de farine
d) Tremper les longes farinées dans l'œuf battu et le jeter sur le panko refroidi. Assurez-vous que tous les côtés sont bien recouverts de miettes
e) Placer le porc dans un plat allant au four et cuire au four pendant 40 minutes ou plus selon l'épaisseur de celui-ci.
f) Dresser dans un plat et servir avec votre sauce Tonkatsu prête et du chou râpé

15. Tofu sauce au poivre noir

Ingrédients

- 1 tasse. Fécule de maïs
- 1 ½ c. poivre blanc
- 16oz de tofu ferme, parfaitement égoutté
- 4 cuillères à soupe. huile végétale
- 1 cuillère à café sel casher
- 2 oignons verts, tranchés finement
- 3 piments rouges, épépinés et finement tranchés

Instructions

a) Assurez-vous que le tofu est bien égoutté et séchez-le avec une serviette en papier. Vous pouvez appuyer sur une planche à découper lourde pour faire sortir tout le liquide.
b) Couper le tofu en fins cubes solides
c) Mélanger la fécule de maïs avec le poivre blanc et le sel.
d) Mélanger le tofu dans le mélange de farine, prendre soin de s'assurer que les cubes sont bien couverts.
e) Placez-les dans un sac Ziploc pendant 2 minutes
f) Versez l'huile dans une poêle antiadhésive, lorsqu'elle est chaude, faites frire les cubes de tofu en cubes croustillants
g) Frire par lots et
h) Garnir avec le poivron tranché et les oignons verts

16. Riz shiso au sésame

Ingrédients

- 2 tasses. riz cuit (grain court)
- 12 feuilles de shiso (ajoutez plus de feuilles si vous le souhaitez). Tranché finement en lanières
- 6 pièces d'umeboshi (prune marinée japonaise). Dénoyauté et haché
- 2 cuillères à soupe. graines de sésame, bien grillées

Instructions

a) Dans un bol profond et propre, mélanger le riz cuit, l'umeboshi, les feuilles de shiso et les graines de sésame.
b) Servir

17. Soupe de nouilles aux champignons japonais

Ingrédients

- 2 onces de champignons Buna shimeji
- 1 paquet. Nouilles soba ou vos nouilles préférées. Bouilli et égoutté selon les instructions
- 3 cuillères à soupe. base de soupe mizkan
- 2 œufs durs, fêlés et coupés en deux
- 1 botte de bok choy ou de laitue
- 2 tasses. L'eau

- 2 c. graines de sésame blanches
- oignons verts, hachés

Instructions

a) Dans une casserole moyenne, faire bouillir l'eau et ajouter la base de soupe, les bébés bok choy et les champignons. Cuire 2 minutes.
b) Disposez les nouilles cuites dans des assiettes/un bol. Placer les moitiés d'œufs et arroser la soupe dessus
c) Garnir d'oignons verts et de graines de sésame
d) Servir avec des baguettes

18. Loup de mer japonais au gingembre

Ingrédients

- 2 c. pâte blanche miso
- Morceau de bar 6oz
- 1 c. mirin
- 1 cuillère à café jus de gingembre frais
- 1 cuillère à café du sucre
- 3 c. Saké

Instructions

a) Dans un bol moyen propre, mélanger tous les ingrédients sauf le saké. Mélangez bien et mettez de côté.

b) Placer le morceau de poisson dans le contenu mélangé, ajouter le saké et mélanger jusqu'à ce qu'il soit bien couvert

c) Placer au congélateur pendant 4 heures

d) Préchauffer le gril et placer le poisson sur une grille

e) Faites-le griller, mélangez d'un côté à l'autre jusqu'à ce qu'il soit complètement doré et cuit.

f) Transférer le bar dans un plat et servir

19. Salade de pommes de terre japonaise

Ingrédients

- 2 livres de pomme de terre rousse. Pelé, cuit et écrasé
- 3 concombres. Tranché finement
- c. sel de mer
- 3 c. vinaigre de vin de riz
- 1 cuillère à soupe. moutarde japonaise
- 7 cuillères à soupe. mayonnaise japonaise
- 2 carottes. Coupé en quartiers et tranché finement
- 3 œufs durs
- 1 bulbe d'oignon rouge. Tranché finement

Instructions

a) Placer les tranches de concombre dans un bol, saupoudrer de sel et laisser reposer pendant 12 minutes. Égoutter l'excès d'eau et sécher les concombres dans une serviette en papier
b) Dans un petit bol, mélanger la moutarde, la mayonnaise et le vinaigre
c) Dans un autre grand bol, incorporer la purée de pommes de terre, le mélange de mayo, les œufs, les concombres et les carottes. Bien mélanger pour obtenir un mélange homogène

20. Teriyaki fantaisie japonais

Ingrédients

- 2 livres de saumon
- 3 cuillères à soupe. oignons verts hachés
- 2 cuillères à soupe. graines de sésame noir et blanc
- ½ tasse d'huile d'olive extra vierge
- Sauce teriyaki
- 4 cuillères à soupe. sauce soja
- 1 tasse de mirin
- 2 ½ tasse. Du sucre

Instructions

a) Préparez la sauce teriyaki en ajoutant tous les ingrédients sous sa rubrique dans une casserole et faites-la cuire à feu doux jusqu'à ce qu'elle épaississe. Retirer du feu et mettre au refroidissement
b) Versez un peu d'huile dans une poêle antiadhésive et placez-y le saumon. couvrir la poêle et cuire le saumon à feu modéré jusqu'à ce qu'il soit uniformément doré.
c) Dresser dans un plat et arroser de sauce teriyaki dessus
d) Et garnir de graines de sésame blanches et d'oignons verts hachés

21. Champignons marinés au soja

Ingrédients

- 4 paquets de champignons enoki ou votre champignon préféré
- 2 cuillères à soupe. sauce soja
- 3 cuillères à soupe. huile de tournesol
- 3 cuillères à soupe. vinaigre de riz
- 3 cuillères à soupe. mitsuba. Joliment haché
- 2 piments rouges.
- 1rsp. Sel casher

- 2 cuillères à soupe. shiso vert. Haché finement

Instructions

a) A feu doux, versez l'huile dans une casserole et faites chauffer
b) Ajouter les champignons à l'huile chaude et faire sauter jusqu'à ce qu'il absorbe toute l'huile
c) Éteindre le feu et incorporer la sauce soja, le vinaigre, le shiso, le mitsuba, le sel et le poivre.
d) Servir ou réfrigérer une fois refroidi.

22. ufs bento ramen

Ingrédients

- 6 gros oeufs
- 1 cuillère à soupe. bicarbonate de soude
- Sauce d'assaisonnement
- ¼ tasse. Saké
- ¼ tasse de base de soupe aromatisée Mizkan Bonito ou n'importe quelle base de soupe
- 5 cuillères à soupe. sauce soja
- 4 cuillères à soupe. mirin

Instructions

a) Dans une petite casserole, verser l'eau ajouter le bicarbonate de soude, porter à ébullition. Ajouter les œufs et cuire 10 minutes lorsque l'eau bout

b) Dans une autre casserole, incorporer tous les ingrédients de la sauce et cuire 5 minutes. Éteignez le feu et asseyez-le pour le refroidissement

c) Lorsque l'œuf est cuit, retirez-le et refroidissez-le avec de la glace. Casser et éplucher la coquille, placer dans un récipient

d) Verser la sauce refroidie sur les œufs, en veillant à ce que les œufs soient complètement immergés dans la sauce. Laissez-le au réfrigérateur pendant la nuit

e) Lorsque vous êtes prêt, retirez du réfrigérateur chaque tranche en deux et servez

23. Oyakadon japonais aux œufs

Ingrédients

- 1 grosse cuisse de poulet désossée. Joliment coupé à la taille des bouchées
- 3 gros œufs, battus
- 2 ¼ c. mirin
- ½ tasse. Dashi
- 2 bols. Riz cuit (grain court)
- 2 ¼ c. sauce soja
- 1 gros oignon jaune, tranché finement

- 1 oignon de printemps, (partie verte) joliment tranché
- ½ c. du sucre
- 1 ¼ cuillère à soupe. Saké japonais

Instructions

a) Incorporer le mirin et le saké dans une casserole et faire bouillir à feu doux

b) Ajouter la sauce soja, le dashi, le sucre et les oignons. Cuire 3 minutes

c) Incorporer le poulet et faire sauter pendant 5 minutes

d) Ajouter les oignons nouveaux, arroser d'œufs battus, (ne pas remuer)

e) Lorsque l'œuf commence à prendre, veuillez éteindre le feu

f) Versez votre riz cuit dans un bol et versez le contenu d'œufs dessus

24. Boules japonaises au curry (Kare pan)

Ingrédients

- Pâte
- 1 tasse. Panko
- 2 cuillères à soupe. huile végétale
- Garniture au curry
- 100g de boeuf haché
- 1 oignon moyen, haché
- 2 pommes de terre, cuites et écrasées
- 2 cuillères à soupe. poudre d'ail
- 1 carotte. finement coupé en dés
- 1 cuillère à soupe. Garam masala
- 60g de roux au curry

Instructions

a) Chauffer l'huile dans une casserole moyenne propre, incorporer les carottes, les oignons, la poudre d'ail et cuire jusqu'à tendreté

b) Ajouter le boeuf et un peu d'eau pour cuire pendant 20 minutes

c) Baisser le feu et incorporer le curry et le masala. Remuez pour mélanger

d) Ajouter la purée de pommes de terre et bien mélanger pour faire figer

e) Préchauffer le four à 250 degrés

f) Lorsque la garniture est refroidie. Divisez la pâte en boules, pétrissez-la sur une surface farinée, versez un peu de garniture sur le morceau de pâte et roulez-la en une fine boule solide

g) Répétez la même chose pour le reste, peignez chacun avec l'huile et jetez la pâte fourrée sur le panko

h) Disposer la pâte dans un plat à four et cuire au four pendant 20 minutes

25. Onigiri

Portion : 3

Ingrédients:

- Feuille de Nori, au besoin
- Umeboshi, un
- Sauce soja, demi c.
- Mirin, demi c.
- Thon, une tasse
- mayonnaise japonaise, deux c.
- Saumon salé, une pièce
- Riz cuit, deux tasses

Méthode:

a) Faites cuire le riz selon votre cuiseur à riz ou si vous n'avez pas de cuiseur à riz, suivez les instructions ici.
b) Transférer le riz cuit dans un bol séparé pour le refroidir.
c) Préparez toutes les garnitures que vous allez utiliser et mettez de côté.
d) Préparez une feuille d'algues.
e) Placer du film alimentaire sur un bol de riz.
f) Placez un peu de riz cuit au centre du film alimentaire.
g) Mettez environ 1 cuillère à café d'umeboshi au centre du riz puis couvrez avec le riz autour.
h) Enroulez le film alimentaire sur le riz et pressez et moulez le riz en forme de triangle avec vos mains.
i) Retirez le film alimentaire et recouvrez le fond du triangle de riz d'une feuille de nori.
j) Votre plat est prêt à être servi.

26. Natto

Portion : 1

Ingrédients:

- échalotes, pour la garniture
- Natto, une cuillère à soupe.
- Sauce soja, demi c.
- Saikkyo, une cuillère à café et demie.
- Tofu, demi-bloc
- Miso, deux cuillères à soupe.
- Graines de wakame, une poignée
- Dashi, deux tasses

Méthode:

a) Portez le dashi à ébullition dans une marmite et placez la cuillerée de natto dans le liquide. Laisser mijoter pendant deux minutes.
b) Placez les pâtes de miso dans la casserole et utilisez le dos d'une cuillère pour dissoudre les pâtes dans le dashi.
c) Ajouter le wakame et le tofu et laisser mijoter 30 secondes de plus.
d) Garnir d'échalotes.
e) Sers immédiatement.

27. Tofu Agedashi

Portion : 3

Ingrédients:

- Huile aromatisée, trois tasses
- Amidon de maïs, quatre c.
- Sauce soja, deux cuillères à soupe.
- Katsuobishi, au besoin
- Tofu, un bloc
- Mirin, deux cuillères à soupe.
- Radis Daikon, au besoin
- Échalotes, au besoin
- Shichimi Togarashi, une poignée
- Dashi, une tasse

Méthode :

a) Rassemblez tous les ingrédients.

b) Enveloppez le tofu avec trois couches de serviettes en papier et placez une autre assiette sur le dessus. Égoutter l'eau du tofu pendant quinze minutes.

c) Épluchez et râpez le daikon et essorez doucement l'eau. Couper l'oignon vert en fines tranches.

d) Mettre le dashi, la sauce soja et le mirin dans une petite casserole et porter à ébullition.

e) Retirez le tofu des serviettes en papier et coupez-le en huit morceaux.

f) Enrober le tofu de fécule de pomme de terre, en laissant l'excès de farine, et faire frire immédiatement jusqu'à ce qu'il devienne brun clair et croustillant.

g) Retirer le tofu et égoutter l'excès d'huile sur une assiette tapissée de papier absorbant ou d'une grille.

h) Pour servir, placez le tofu dans un bol de service et versez délicatement la sauce sans mouiller le tofu.

28. Nasu Dengaku

Portion : 4

Ingrédients:

- Aubergine japonaise, trois
- Huile aromatisée, une cuillère à soupe.
- Saké, deux cuillères à soupe.
- Sucre, deux cuillères à soupe.
- Miso, quatre cuillères à soupe.
- Graines de sésame, au besoin
- Tofu, un bloc
- Mirin, deux cuillères à soupe.
- Radis Daikon, trois
- Konnyaku, une poignée

Méthode:

a) Mélanger le saké, le mirin, le sucre et le miso dans une casserole.

b) Bien mélanger pour combiner puis porter à petite ébullition à feu doux. Remuer constamment et cuire quelques minutes.

c) Enveloppez le tofu avec deux feuilles de papier absorbant et pressez le tofu entre deux assiettes pendant 30 minutes.

d) Placer le tofu et les aubergines sur une plaque à pâtisserie à rebords recouverte de papier parchemin ou d'une plaque à pâtisserie en silicone. À l'aide d'un pinceau, appliquez de l'huile végétale sur le dessus et le dessous du tofu et des aubergines.

e) Cuire au four à 400 degrés pendant vingt minutes, ou jusqu'à ce que l'aubergine soit tendre.

f) Versez délicatement une partie du glaçage au miso sur votre tofu et vos aubergines et étalez uniformément. Faire griller pendant cinq minutes.

29. Omurice

Taille de portion: 2

Ingrédients:

- Poulet désossé, une livre
- Huile d'olive, une cuillère à soupe.
- Légumes mélangés, demi-tasse
- Sel et poivre, au besoin
- Riz japonais cuit, une tasse et demie
- Sauce soja, une c.
- Ketchup, une cuillère à soupe.
- Lait, deux cuillères à soupe.
- Oeufs, deux
- Fromage, une poignée

Méthode:

a) Chauffer l'huile et faire revenir l'oignon jusqu'à ce qu'il ramollisse. Ajouter le poulet
b) Ajouter les légumes mélangés et assaisonner de sel et de poivre.
c) Ajouter le riz et le briser en petits morceaux.
d) Ajouter le ketchup et la sauce soja et mélanger le tout uniformément avec une spatule.
e) Chauffer l'huile d'olive dans la poêle à feu moyen-élevé.
f) Lorsque la poêle est chaude, versez le mélange d'œufs dans la poêle et inclinez-la pour couvrir le fond de la poêle. Baissez le feu lorsque le fond de l'œuf est pris.
g) Mettez le fromage et le riz frit divisé sur le dessus de l'omelette.

30. Okonomiyaki

Portion : 4

Ingrédients:

- Dashi, une tasse
- Sauce aux huîtres, une cuillère à soupe.
- Nagaimo, au besoin
- Sel, au besoin
- Farine une tasse et demie
- Sucre, demi c.
- Poudre à pâte, demi c.
- Poitrine de porc tranchée, demi-livre
- Lait, deux cuillères à soupe.

- Oeufs, quatre
- Chou, un

Méthode :

a) Mélanger tous les ingrédients de la pâte.

b) Ajouter le nagaimo râpé et le dashi dans le bol.

c) Mélanger le tout jusqu'à ce que le tout soit combiné.

d) Sortez la pâte du réfrigérateur et ajoutez les œufs, les restes de tempura et le gingembre rouge mariné dans le bol. Bien mélanger jusqu'à ce que le tout soit bien combiné.

e) Ajouter le chou haché à la pâte. Bien mélanger avant d'ajouter le reste.

f) Dans une grande poêle, chauffer l'huile végétale à feu moyen. Étaler la pâte uniformément.

g) Placer la poitrine de porc tranchée sur l'okonomiyaki et cuire à couvert pendant cinq minutes.

h) Appuyez doucement sur l'okonomiyaki. Couvrir et cuire encore cinq minutes.

31. Ramen carbonara au fromage

Temps de cuisson : 30 minutes

Portion : 4

Ingrédients:

- Dashi, une tasse
- Huile d'olive, une cuillère à soupe.
- Tranches de bacon, six
- Sel, au besoin
- Ail haché, deux
- Persil, au besoin
- Fromage parmesan, demi-tasse
- Lait, deux cuillères à soupe.

- Oeufs, deux
- Pack de ramen, trois

Méthode:

a) Mélanger tous les ingrédients.
b) Faire bouillir les nouilles selon les instructions sur l'emballage.
c) Conservez un quart de tasse d'eau de cuisson pour détacher la sauce plus tard, si nécessaire. Égoutter les nouilles et les mélanger avec de l'huile d'olive pour qu'elles ne collent pas.
d) Chauffer une poêle moyenne à feu moyen. Cuire les morceaux de bacon jusqu'à ce qu'ils soient dorés et croustillants. Ajouter les nouilles dans la poêle et mélanger avec le bacon jusqu'à ce que les nouilles soient enrobées de graisse de bacon.
e) Battre les œufs à la fourchette et incorporer le parmesan. Verser le mélange œuf-fromage dans la poêle et mélanger avec le bacon et les nouilles.

32. yakisoba

Temps de cuisson : 30 minutes

Portion : 4

Ingrédients:

- Sauce de poisson, deux c.
- Oeuf, un
- Sauce soja, demi-tasse
- Riz japonais cuit, trois tasses
- Tomates, deux
- Coriandre, demi-tasse
- Sel et poivre au goût
- Huile végétale, deux cuillères à soupe.

- Piments japonais, trois
- Noix grillées, demi-tasse
- Poitrine de poulet, huit onces
- Oignon, un
- échalotes, demi-tasse
- Ail haché, une c.

Instructions:

a) Lorsque le wok est très chaud, ajoutez deux cuillères à café d'huile.

b) Lorsque l'huile est chaude, ajouter le poulet et cuire à feu vif jusqu'à ce qu'il soit entièrement doré et bien cuit.

c) Retirer le poulet et réserver, ajouter les œufs, une pincée de sel et cuire une minute ou deux jusqu'à cuisson complète.

d) Ajouter le reste d'huile dans le wok et ajouter l'oignon, les oignons verts et l'ail. Incorporer tout le riz. Ajouter la sauce soja et la sauce poisson en remuant pour mélanger tous les ingrédients.

e) Continuez à remuer quelques minutes, puis ajoutez l'œuf et le poulet dans le wok.

33. Katsu de poulet au four

Temps de cuisson : 25 minutes

Portion : 4

Ingrédients:

- Morceaux de poitrine de poulet désossés, une livre
- Panko, une tasse
- Farine tout usage, demi-tasse
- Eau, une cuillère à soupe.
- Oeuf, un
- Sel et poivre au goût
- Sauce tonkatsu, au besoin

Instructions:

a) Mélanger le panko et l'huile dans une poêle et faire griller à feu moyen jusqu'à ce qu'ils soient dorés. Transférer le panko dans un plat peu profond et laisser refroidir.

b) Papillonnez la poitrine de poulet et coupez-la en deux. Saler et poivrer des deux côtés du poulet.

c) Dans un plat peu profond, ajoutez la farine et dans un autre plat peu profond, fouettez ensemble l'œuf et l'eau.

d) Enrober chaque morceau de poulet de farine et secouer l'excédent de farine. Tremper dans le mélange d'œufs, puis enrober de panko grillé en appuyant fermement pour qu'il adhère au poulet.

e) Placer les morceaux de poulet sur la plaque à pâtisserie préparée pendant une vingtaine de minutes. Servir immédiatement ou transférer sur une grille pour que le fond du katsu ne soit pas détrempé par l'humidité.

34. Cari de boeuf haché Hayashi

Taille de portion: 2

Ingrédients:

- Oignon, un
- Carottes, demi-tasse
- Boeuf haché, demi-livre
- Huile de canola, une cuillère à soupe.
- Ketchup, deux cuillères à soupe.
- Sel et poivre au goût
- Amidon de maïs, une c.
- Bouillon de boeuf, une tasse
- Saké, une cuillère à soupe.

- egguf à la coque, un

Instructions:

a) Faire bouillir l'œuf et le couper en petits morceaux ou écraser avec une fourchette. Bien assaisonner avec du sel et du poivre.
b) Faire chauffer l'huile et ajouter les oignons et les carottes.
c) Saupoudrer de fécule de maïs sur le bœuf haché et ajouter aux légumes. Ajouter un quart de tasse de bouillon de bœuf et casser le bœuf haché en remuant.
d) Ajouter le bouillon de bœuf, le ketchup, le saké et la sauce Worcestershire.
e) Bien mélanger et cuire pendant dix minutes ou jusqu'à ce que tout le liquide se soit évaporé. Assaisonnez avec du sel et du poivre.
f) Faire revenir les oignons dans une poêle séparée jusqu'à ce qu'ils soient croustillants.

35. Poêlée de nouilles ramen avec steak

Temps de cuisson : 15 minutes

Taille de portion: 2

Ingrédients:

- Oignon, un
- Carottes, demi-tasse
- Boeuf haché, demi-livre
- Huile de canola, une cuillère à soupe.
- Ketchup, deux cuillères à soupe.
- Sel et poivre au goût
- Amidon de maïs, une c.
- Bouillon de boeuf, une tasse

- Saké, une cuillère à soupe.
- egguf à la coque, un
- Sauce Worcestershire, une cuillère à soupe.

Instructions:

a) Dans une grande poêle à feu moyen-élevé, chauffer l'huile.
b) Ajouter le steak et saisir jusqu'à la finition souhaitée, environ cinq minutes de chaque côté pour le moyen, puis transférer sur une planche à découper et laisser reposer pendant cinq minutes, puis trancher.
c) Dans un petit bol, fouetter ensemble la sauce soja, l'ail, le jus de lime, le miel et le poivre de Cayenne jusqu'à homogénéité et réserver.
d) Ajouter l'oignon, les poivrons et le brocoli dans la poêle et cuire jusqu'à tendreté, puis ajouter le mélange de sauce soja et remuer jusqu'à ce qu'il soit complètement enrobé.
e) Ajouter les nouilles ramen cuites et le steak et mélanger jusqu'à ce que le tout soit bien mélangé.

36. poulet Teriyaki

Temps de cuisson : 15 minutes

Taille de portion: 2

Ingrédients:

- Huile de sésame, une c.
- Brocoli, pour servir
- Miel, une cuillère à soupe.
- Ketchup, deux cuillères à soupe.
- Sel et poivre au goût
- Amidon de maïs, une c.
- Riz blanc cuit, une tasse
- Ail et gingembre, une cuillère à soupe.

- egguf à la coque, un
- Sauce soja, une cuillère à soupe.

Instructions:

a) Dans un bol moyen, fouetter ensemble la sauce soja, le vinaigre de riz, l'huile, le miel, l'ail, le gingembre et la fécule de maïs.

b) Dans une grande poêle à feu moyen, chauffer l'huile. Ajouter le poulet dans la poêle et assaisonner de sel et de poivre. Cuire jusqu'à ce qu'il soit doré et presque cuit.

c) Couvrir le poulet et laisser mijoter jusqu'à ce que la sauce épaississe légèrement et que le poulet soit bien cuit.

d) Garnir de graines de sésame et d'oignons verts.

e) Servir sur du riz avec du brocoli cuit à la vapeur.

37. Bol de saumon japonais

Temps de cuisson : 30 minutes

Portion : 4

Ingrédients:

- Sauce chili, une c.
- Sauce soja, une c.
- Riz, deux tasses
- Huile de sésame, une cuillère à soupe.
- Gingembre, deux cuillères à soupe.
- Sel et poivre au goût
- Graines de sésame, une c.
- Vinaigre, une c.
- Nori râpé, au besoin
- Saumon, demi-livre

- Chou râpé, une tasse

Instructions:

a) Placer le riz, trois tasses d'eau et une demi-cuillère à café de sel dans une grande casserole et porter à ébullition et cuire pendant quinze minutes ou jusqu'à ce que l'eau soit absorbée.
b) Mettre le vinaigre, la sauce soja, la sauce chili, l'huile de sésame, les graines de sésame et le gingembre dans un bol et bien mélanger.
c) Ajouter le saumon et remuer doucement jusqu'à ce qu'il soit complètement enrobé.
d) Placer le chou râpé et l'huile de sésame dans un bol et mélanger jusqu'à ce que le tout soit bien mélangé.
e) Placer une grosse cuillerée de riz dans chaque bol, ajouter le chou et presser sur la mayonnaise.

38. Riz Sushi/Chirashi-zushi

Ingrédients:

- Riz japonais, deux tasses
- Vinaigre de riz, un quart de tasse
- Sel, une cuillère à café et Sucre, deux cuillères à soupe.
- Champignons shiitake, huit
- Sashimi, demi-livre
- ufs, trois et Mirin, une c.
- Graines de sésame, au besoin
- Thon, demi-livre

Instructions:

a) Mélanger les ingrédients.
b) Mettez le riz dans un grand bol et lavez-le à l'eau froide.
c) Placez le riz dans un cuiseur à riz et ajoutez environ deux tasses d'eau. Laissez le riz tremper dans l'eau pendant au moins trente minutes. Démarrer la cuisinière.
d) Dans une petite casserole, mélanger le vinaigre de riz, le sucre et le sel. Mettez la casserole sur feu doux et faites chauffer jusqu'à ce que le sucre se dissolve.
e) Répartir le riz cuit à la vapeur chaud dans une grande assiette ou un grand bol. Saupoudrer le mélange de vinaigre sur le riz et mélanger rapidement au riz à l'aide d'un shamoji.
f) Ajouter les shiitake dans une casserole, la sauce soja, le sucre et le mirin. Laisser mijoter les shiitake à feu doux jusqu'à ce que le liquide soit presque épuisé.
g) Huiler une poêle moyenne et verser une boule de mélange d'œufs et de sucre et faire une fine omelette

39. Crevettes et Légumes Grillés

Temps de cuisson : 10 minutes

Portion : 4

Ingrédients:

- Jus de citron vert, trois cuillères à soupe.
- Crevette, deux livres
- Sel et poivre au goût
- Chili, une cuillère à soupe.
- Mélanger les légumes, une tasse
- Sashimi, demi-livre
- Oeufs, trois

- Mirin, une c.
- Graines de sésame, au besoin

Instructions:

a) Faire mariner les crevettes avec les épices, le jus de citron vert et l'huile d'olive.
b) Pendant ce temps, hachez et émincez les légumes.
c) Ajouter une cuillère à soupe d'huile d'olive dans une poêle et porter à feu moyen.
d) Faire sauter les légumes jusqu'à ce qu'ils obtiennent une couleur dorée et soient tendres. Retirer et réserver dans un bol.
e) Dans la même poêle, faire sauter les crevettes jusqu'à ce qu'elles soient complètement cuites. Ensuite, remettez les biscuits aux légumes dans la poêle et faites-les sauter avec les crevettes pendant deux minutes.
f) Retirer et servir.

40. Poulet dans une marmite/Mizutaki

Temps de cuisson : 10 minutes

Portion : 4

Ingrédients:

- Negi, un
- Mizuna, quatre
- Chou nappa, huit
- Carotte, demi-tasse
- Cuisses de poulet, une livre
- Kombu, demi-livre
- Saké, une c.
- Gingembre, une c.
- Graines de sésame, au besoin

Instructions:

a) Mélanger tous les ingrédients.
b) Dans un grand bol, ajoutez cinq tasses d'eau et du kombu pour préparer du kombu dashi à froid. Mettez de côté pendant que vous préparez le poulet.
c) Remplissez une casserole moyenne avec de l'eau et ajoutez les morceaux de cuisse de poulet avec os et peau. Allumez le feu à moyen-doux.
d) Dans le kombu dashi infusé à froid, ajoutez les morceaux de cuisse de poulet que vous venez de rincer.
e) Ajoutez également les morceaux de poulet saké, et le gingembre.
f) Portez-le à ébullition à feu moyen.
g) Réduire le feu à moyen-doux et cuire à couvert pendant trente minutes. Pendant ce temps, commencez à préparer les autres ingrédients. Au bout de trente minutes, retirez et jetez les tranches de gingembre.

SALADE JAPONAISE

41. Salade de concombre japonais

Temps de cuisson : 10 minutes

Portion : 8

Ingrédients:

- Arachides, demi-tasse
- Sauce soja, trois cuillères à soupe.
- Huile de sésame, une c.
- Sucre, une cuillère à soupe.
- Vinaigre de vin, trois cuillères à soupe.

- Petit concombre, douze onces
- Ail, un
- Coriandre fraîche, au besoin

Instructions:

a) Fouettez la vinaigrette ensemble et assurez-vous de la goûter pour ajuster tout ce que vous aimez.
b) Broyez finement les cacahuètes dans un robot culinaire à l'aide du bouton pulsation.
c) Si vous souhaitez d'abord retirer une partie de la peau, vous pouvez passer un outil de zeste sur les côtés ou simplement passer les dents d'une fourchette sur les côtés pour créer un bord décoratif.
d) Mettez les concombres dans un bol et mélangez avec suffisamment de vinaigrette pour bien les enrober, vous n'en aurez peut-être pas besoin de tout.
e) Mélanger avec les cacahuètes concassées, saupoudrer de flocons de chili et garnir de feuilles de coriandre.

42. Salade d'eau japonaise

Temps de cuisson : 10 minutes

Taille de portion: 2

Ingrédients:

- Beurre de cacahuète, trois cuillères à soupe.
- Vinaigre de riz, une cuillère à soupe.
- Miel, une c.
- Sucre, une cuillère à soupe.
- Vinaigre de vin, trois cuillères à soupe.
- Cresson, six tasses

- Mirin, deux cuillères à soupe.

Instructions:

a) Dans une casserole de taille moyenne, porter à ébullition de l'eau salée avec une cuillère à soupe de sel kasher.
b) Mettez le beurre d'arachide, le miel, le vinaigre de riz, la sauce soja et le mirin dans un bol moyen.
c) Rincer le cresson, égoutter et séparer les feuilles des tiges.
d) Hacher grossièrement les tiges et les ajouter à l'eau bouillante avec les feuilles.
e) Cuire jusqu'à ce que les tiges soient tendres mais donnent un croquant doux.
f) Égoutter, rincer sous l'eau froide et essorer doucement l'excès d'eau.
g) Tapotez doucement le cresson, séchez-le avec une serviette en papier et ajoutez-le dans un bol à mélanger.
h) Verser la vinaigrette sur le cresson et mélanger jusqu'à ce que le cresson soit uniformément enrobé.

43. Salade Kani

Temps de cuisson : 10 minutes

Portion : 4

Ingrédients:

- Carotte, un moyen
- Concombre, deux moyens
- Mangue mûre, une tasse
- mayonnaise japonaise, une cuillère à soupe.
- Demi citron
- Sel et poivre au goût
- Kani, 150 g

Instructions:

a) Épluchez les carottes et coupez les extrémités.
b) Faites de même avec le concombre mais n'incluez pas le noyau avec les graines.
c) Râpez les bâtonnets de crabe à la main en appuyant doucement sur un morceau d'un bout à l'autre pour détacher les lanières, puis séparez chaque lanière les unes des autres.
d) Pelez la mangue mûre.
e) Dans un grand bol, ajouter le concombre, les carottes, le Kani, la mangue et la mayonnaise japonaise. Presser le jus d'un demi-citron dessus et mélanger.
f) Assaisonnez avec du sel et du poivre au besoin et remuez jusqu'à ce que tous les ingrédients soient bien mélangés.
g) Servir immédiatement ou réfrigérer jusqu'à ce que vous soyez prêt.
h) Servir sur une couche d'iceberg ou de laitue romaine.

44. Oshitashi

Temps de cuisson : 5 minutes

Portion : 1

Ingrédients:

- Épinards, une livre
- Graines de sésame, une cuillère à soupe.
- Sauce soja, une cuillère à soupe.
- Mirin, une cuillère à soupe.

Instructions:

a) Faire griller les graines de sésame dans une poêle jusqu'à ce qu'elles soient légèrement colorées.
b) Ajouter les épinards dans une grande casserole d'eau bouillante et cuire deux à trois minutes jusqu'à ce qu'ils ramollissent.
c) Préparez un bain de glace.
d) Égoutter les épinards dans une passoire.
e) Presser pour sécher et placer dans un bol.
f) Mélanger les épinards cuits avec la sauce soja, le mirin et les graines de sésame.
g) Servir à température ambiante.

45. Salade de chou japonais

Temps de cuisson : 5 minutes

Portion : 1

Ingrédients:

- Mélange de salade de chou, une tasse
- Graines de sésame, une cuillère à soupe.
- Sauce soja, une cuillère à soupe.
- Mirin, une cuillère à soupe.
- Flocons de bonite, au besoin

Instructions:

a) Mélangez tous les ingrédients de la vinaigrette dans un bol et versez-la sur le mélange de salade de chou râpé.
b) Bien mélanger et garnir de graines de sésame et de flocons de bonite.

46. Salade de nouilles ramen

Temps de cuisson : 15 minutes

Portion : 1

Ingrédients:

- Chou et oignon, une tasse
- Graines de sésame, une cuillère à soupe.
- Sauce soja, une cuillère à soupe.
- Sucre, une cuillère à soupe.
- Vinaigre, une cuillère à soupe.
- Beurre, au besoin
- Nouilles ramen, un paquet
- Amandes, au besoin

Instructions :

a) Mélanger l'huile, le vinaigre, le sucre et la sauce soja dans un bocal et secouer jusqu'à ce que le sucre soit dissous.
b) Faire fondre le beurre dans une grande poêle à feu moyen. Pendant que le beurre fond, écrasez les nouilles ramen alors qu'elles sont encore à l'intérieur de l'emballage.
c) Retirez le sachet d'assaisonnement et jetez-le.
d) Ajouter les nouilles, les amandes et les graines de sésame au beurre fondu dans la poêle.
e) Faire sauter en remuant fréquemment, jusqu'à ce que le mélange de nouilles soit doré.
f) Râper le chou et mélanger le chou et les oignons dans un grand bol à mélanger. Ajouter le mélange de nouilles.
g) Verser la vinaigrette sur la salade et bien mélanger.
h) Sers immédiatement.

47. Salade de chimichurri au porc

Temps de cuisson : 15 minutes

Taille de portion: 2

Ingrédients:

- Côtelettes de porc, une livre
- Verts, six onces
- Tomates cerises, deux tasses
- Huile d'olive, une cuillère à soupe.
- Vinaigre, une cuillère à soupe.
- Persil, au besoin
- Chipotle, moitié
- Feuilles d'origan, au besoin

- Sel et poivre, au besoin
- Vinaigrette Chimichurri, par goût

Instructions:

a) Dans un robot culinaire, mélanger l'huile d'olive, le vinaigre, le persil, les feuilles d'origan et le chipotle. Assaisonner de sel et de poivre et réserver.

b) Préchauffer un gril. Tapisser une plaque à pâtisserie à rebords de papier d'aluminium et vaporiser d'huile de cuisson.

c) Placer le porc sur la plaque à pâtisserie et saupoudrer les deux côtés de sel et de poivre. Faire griller jusqu'à ce que la température interne atteigne 145 degrés, cinq minutes de chaque côté. Retirer le porc du gril et laisser reposer pendant cinq minutes.

d) Pendant ce temps, dans un grand bol, mélanger les légumes verts, les tomates cerises, le fromage et la vinaigrette chimichurri au goût. Disposer la salade dans des assiettes ou un plat.

e) Disposer sur la salade, arroser de vinaigrette supplémentaire et servir.

48. Salade verte printanière

Temps de cuisson : 30 minutes

Portion : 4

Ingrédients:

- Salade de pommes de terre, demi-livre
- Petits pois, demi-tasse
- Asperges, demi-tasse
- Huile d'olive, quatre cuillères à soupe.
- Graines de citrouille, une cuillère à soupe.
- Oignons de printemps, quatre
- Petites courgettes, une tasse
- Moutarde à grains entiers, au besoin

- Sel et poivre, au besoin
- Miel, par goût
- Jus de citron, au besoin

Instructions:

a) Pour faire la vinaigrette, mettre tous les ingrédients dans un mélangeur et mélanger jusqu'à consistance lisse et émulsionnée.

b) Cuire les pommes de terre dans de l'eau bouillante légèrement salée pendant dix minutes, ou jusqu'à ce qu'elles soient juste tendres, en ajoutant les petits pois les deux dernières minutes.

c) Chauffer une grande poêle à frire ou une poêle à fond épais jusqu'à ce qu'elle soit chaude. Ajouter une cuillère à soupe d'huile d'olive et ajouter les asperges en une seule couche.

d) Cuire pendant cinq minutes, ou jusqu'à ce qu'ils soient légèrement carbonisés. Retirer de la poêle et ajouter au mélange de pommes de terre.

e) Lorsqu'elle est chaude, ajoutez les courgettes, le côté tranché vers le bas, et faites cuire pendant cinq minutes. Ajouter au mélange de pommes de terre avec la laitue et les oignons nouveaux.

f) Incorporer la vinaigrette puis verser sur la salade et bien mélanger.

49. Salade de maïs japonaise

Temps de cuisson : 30 minutes

Portion : 4

Ingrédients:

- Mayonnaise, une cuillère à soupe.
- Chou, un
- Maïs, demi-tasse
- Sucre, une cuillère à soupe.
- Sel et poivre, selon le goût
- Graines de sésame moulues, deux c.

Instructions:

a) Râpez le chou et égouttez l'excès d'eau. Pour permettre une belle texture, ne le râpez pas trop finement.

b) Pour préparer la vinaigrette, mélanger les ingrédients ensemble.

c) Dans un autre bol, mélanger le chou et le maïs. Ajoutez la vinaigrette et le tour est joué.

d) Ajoutez la vinaigrette juste avant de servir car le chou a tendance à devenir liquide.

e) Votre plat est prêt à être servi.

50. Sonomono concombre de soja

Ingrédients

- 1 concombre. Découpé en tranches
- 1 ½ c. sel casher
- 2 c. mirin
- 4g de mélange d'algues séchées
- 2 ¼ c. vinaigre de riz
- 2 c. sauce soja
- 2 c. graines de sésame (pour la garniture)

Instructions

a) Dans un petit bol, mélanger le vinaigre, le mirin et la sauce soja; mettre de côté

b) Placer les tranches de concombre dans un bol et arroser de sel. Laissez-le couvrir pendant 7 minutes pour émettre tout le liquide

c) Égoutter l'eau et les laisser dans un bol

d) Mettez les algues dans un bol d'eau, laissez reposer pendant 8 minutes. Égoutter l'eau

e) Placer les tranches de concombre égouttées et les algues dans un bol. Verser le mélange de soja dessus, arroser les graines de sésame

RECETTES DE SOUPE JAPONAISE

51. Soupe miso

Temps de cuisson : 15 minutes

Portion : 4

Ingrédients:

- Eau, quatre tasses
- Pâte de miso, trois cuillères à soupe.
- Oignons verts, deux
- Granulés Dashi, deux cuillères à soupe.
- Tofu, un bloc

Instructions:

a) Dans une casserole moyenne à feu moyen-élevé, mélanger les granules de dashi et l'eau; porter à ébullition.
b) Réduire le feu à moyen et incorporer la pâte de miso, puis incorporer le tofu.
c) Séparez les couches d'oignons verts et ajoutez-les à la soupe.
d) Laisser mijoter doucement quelques minutes avant de servir.
e) Votre soupe est prête à être servie.

52. Ochazuke

Temps de cuisson : 5 minutes

Portion : 1

Ingrédients:

- Dashi, une cuillère à soupe.
- Sauce soja, une c.
- Feuilles de thé vert japonais, une
- Eau, une tasse
- Sel et poivre au goût
- Mirin, une c.

Instructions:

a) Mélanger tous les ingrédients dans une petite casserole et porter à ébullition.
b) Versez la soupe dans une petite théière.
c) Mettez les feuilles de thé dans le pot.
d) Apportez l'eau à la température appropriée pour votre thé et versez-la dans le pot.
e) Mettez de côté pendant deux minutes.
f) Votre soupe est prête à être servie.

53. Ozoni

Temps de cuisson : 20 minutes

Portion : 4

Ingrédients:

- Dashi, une tasse
- Sauce soja, une cuillère à soupe.
- Saké, une cuillère à soupe.
- Lanières de poulet, une livre
- Eau, deux tasses
- Sel et poivre au goût

Instructions:

a) Mélanger tous les ingrédients ensemble et laisser mijoter.
b) Votre soupe est prête à être servie.

54. Soupe japonaise aux oignons clairs

Temps de cuisson : une heure

Portion : 5

Ingrédients:

- Huile végétale, deux cuillères à soupe.
- Oignon, un
- Carotte, une tasse
- Pâte d'ail et de gingembre, une cuillère à soupe.
- Bouillon de poulet, une tasse

- Bouillon de boeuf, une tasse
- Sel et poivre au besoin

Instructions:

a) Placer une grande marmite à feu moyen-élevé.
b) Ajouter l'huile et mettre l'oignon, l'ail, les carottes et le gingembre dans la casserole.
c) Saisir les légumes de tous les côtés pour les caraméliser, en veillant à ne pas brûler l'ail.
d) Verser le bouillon de poulet, le bouillon de boeuf et l'eau.
e) Porter à ébullition.
f) Baisser le feu à faible ébullition et laisser mijoter au moins une heure.
g) Utilisez une écumoire pour retirer les légumes du bouillon.
h) Goûtez, puis ajustez le sel au besoin.
i) Votre plat est prêt à être servi.

55. Soupe aux boulettes wonton

Portion : 6

Ingrédients:

- Emballages wonton, vingt-quatre
- échalote finement hachée, une c.
- Gingembre finement haché, une c.
- Sauce soja, une cuillère à soupe.
- Cassonade, une c.
- Poitrine de poulet, râpée, deux
- Épinards frais, une tasse
- Crevettes, une livre

- Châtaignes d'eau, huit onces
- Champignon, tranché, une tasse
- Vin de riz, une cuillère à soupe.
- Porc haché, huit onces

Instructions:

a) Porter le bouillon de poulet à ébullition, puis ajouter tous les ingrédients.

b) Cuire jusqu'à ce que le poulet et les crevettes soient bien cuits, environ 10 minutes.

c) Dans un bol, mélanger le porc, les crevettes hachées, la cassonade, le vin de riz ou le xérès, la sauce soja, les oignons verts et le gingembre haché.

d) Bien mélanger et laisser reposer 25 à 30 minutes pour que les saveurs se mélangent.

e) Ajoutez une cuillère à café. de la garniture au centre de chaque emballage wonton.

f) Mouillez les bords de chaque wonton avec un peu d'eau et pressez-les ensemble avec vos doigts pour sceller.

g) Pour cuisiner, ajouter des wontons au bouillon de poulet bouillant et cuire pendant 4 à 5 minutes.

56. Soupe au kimchi et au tofu

Taille de portion: 2

Ingrédients:

- Huile végétale, une cuillère à soupe.
- échalotes, six
- Kimchi, demi-tasse
- Bouillon de poulet, une tasse
- Sauce soja, trois cuillères à soupe.
- Sel et poivre, selon le goût
- Pâte d'ail et de gingembre, une cuillère à soupe.
- Tofu, un bloc
- Daikon, un

Instructions:

a) Chauffer l'huile dans une grande casserole à feu vif.
b) Cuire les parties blanches et vert pâle des oignons verts, de l'ail et du gingembre, en remuant souvent, jusqu'à ce qu'ils soient ramollis et parfumés, environ trois minutes.
c) Ajouter le bouillon, puis incorporer la sauce soja.
d) Ajouter le daikon et laisser mijoter doucement jusqu'à ce que le daikon soit tendre, quinze minutes.
e) Ajouter le kimchi et le tofu.
f) Laisser mijoter jusqu'à ce que le tofu soit bien chaud.
g) Répartir soigneusement dans les bols.
h) Votre soupe est prête à être servie.

57. Soupe aux champignons Shio Koji

Temps de cuisson : 20 minutes

Taille de portion: 2

Ingrédients:

- Bouillon de soupe, deux tasses
- Différents champignons, deux tasses
- Sel et poivre au goût
- Shio koji, deux cuillères à soupe.

Instructions:

a) Couper les champignons en fines tranches ou en morceaux et faire bouillir dans beaucoup d'eau pendant environ deux minutes.
b) Égoutter et ajouter l'assaisonnement shio koji aux champignons chauds.
c) Attendez une quinzaine de minutes pour que les saveurs se développent.
d) Dans une autre casserole, porter à ébullition le bouillon.
e) Ajouter les champignons et le sel et laisser chauffer le tout.
f) Répartir dans des bols et servir avec du bon pain croûté.

58. Yudofu

Temps de cuisson : 15 minutes

Taille de portion: 2

Ingrédients:

- Tofu, un bloc
- Mitsuba, au besoin
- Saké, une cuillère à soupe.
- Mirin, une c.
- Bouillon de légumes, trois tasses
- Eau, une tasse

Instructions:

a) Bien mélanger tous les ingrédients et laisser mijoter une quinzaine de minutes.
b) Votre soupe est prête à être servie.

59. Soupe de riz Ojiya

Temps de cuisson : 20 minutes

Taille de portion: 2

Ingrédients:

- riz japonais, une tasse
- Bouillon de légumes, deux tasses
- Légumes mélangés, une tasse
- Sauce soja, une c.
- Mirin, demi c.
- Sel et poivre au goût
- Eau, deux tasses

Instructions:

a) Bien mélanger tous les ingrédients et laisser mijoter une quinzaine de minutes.
b) Votre soupe est prête à être servie.

60. Soupe sucrée aux haricots rouges Oshiruko

Temps de cuisson : 20 minutes

Portion : 3

Ingrédients:

- Haricots rouges sucrés Azuki, une tasse
- Galettes de riz mochi, quatre
- Bouillon de légumes, quatre tasses

Instructions:

a) Commencez par ajouter l'azuki et une tasse d'eau dans une grande casserole et portez à ébullition. Vous pouvez ajuster la quantité d'eau selon si vous préférez une soupe épaisse ou fine.
b) Vous pouvez faire cuire le mochi de différentes manières, mais les griller donne d'excellents résultats, alors placez le mochi sous un gril chaud pendant cinq à dix minutes.
c) Une fois que les mochi commencent à se développer dans le gril, ils sont prêts et peuvent être mis dans des bols de service.
d) Une fois le mélange azuki et eau bouilli, retirez du feu et versez sur le mochi dans les bols de service et dégustez.

61. Soupe à la pâte de haricots

Temps de cuisson : 15 minutes

Taille de portion: 2

Ingrédients:

- Pâte de haricots, cinq c.
- Soupe aux légumes, deux tasses
- Sauce soja, une c.
- Mirin, une c.
- Sel et poivre au goût

Instructions:

a) Bien mélanger tous les ingrédients et laisser mijoter une quinzaine de minutes.
b) Votre soupe est prête à être servie.

COLLATIONS

62. Sauce blanche épicée japonaise

Ingrédients

- 2 ¼ tasse de mayonnaise japonaise
- 1 c. poudre d'ail
- 1 tasse. Ketchup
- 1 cuillère à soupe. paprika
- 3 ¼ c. du sucre
- 2 c. poudre d'oignon
- 1 c. poivre de Cayenne

- 1 cuillère à café sel de mer
- 1 ½ c. sauce Sriracha
- 1 tasse. l'eau

Instructions

a) Dans un grand bol propre, verser tous les ingrédients
b) Remuer et bien battre pour mélanger jusqu'à ce qu'il soit sans grumeaux
c) Placez-le au réfrigérateur jusqu'à ce que vous soyez prêt à l'utiliser
d) Servez-le avec du riz, des pâtes ou une vinaigrette aux légumes

63. Bouchées japonaises de saumon et de concombre

Ingrédients

a) 1 concombre. Tranché audacieusement
b) ½ livre de filet de saumon
c) 1 c. sauce soja
d) 2 cuillères à soupe. oignons verts. Haché finement
e) 1 cuillère à café mirin
f) 1 Ichimi togarashi (piment japonais)
g) 1 cuillère à café huile de sésame

h) ½ c. graines de sésame noir

Instructions

i) Dans un petit bol, mélanger le saumon, la sauce soja, les oignons verts, l'huile de sésame et le mirin.

j) Placer les tranches de concombre sur une assiette, y déposer une cuillère de saumon et arroser le reste des oignons verts et des graines de sésame

64. bol japonais de céto-okra

Ingrédients

- 2 doigts de gombo
- 2 cuillères à soupe. sauce soja
- 2 cuillères à soupe. flocons de bonite
- 2 cuillères à soupe. écarter/fruit de moine
- 2 cuillères à soupe. l'eau
- 2 cuillères à soupe. Saké
- 2 c. graines de sésame, grillées
- 2 cuillères à soupe. flocons de bonite

Instructions

a) Faire bouillir 2 tasses d'eau dans une cuisinière
b) Dans une autre marmite, incorporer la sauce soja, les flocons de bonite, 2 c. eau, saké, écarter et faire sauter pendant 1 minute
c) Remettre dans l'eau maintenant bouillante et ajouter le gombo, cuire pendant 3 minutes ou jusqu'à ce qu'il soit tendre
d) Égoutter et couper en tranches audacieuses
e) Placez le gombo tranché dans un bol et versez la sauce dessus
f) Garnir de graines de sésame et de flocons de bonite

65. Poulet croustillant à la sauce

Ingrédients

- 1 lb de cuisse ou de poitrine de poulet désossée. Couper en cubes ou en lanières
- 3 ½ c. sauce soja
- 2 c. jus de gingembre fraîchement pressé (piler le gingembre, ajouter 1 cuillère à soupe d'eau et extraire le jus)
- 3 cuillères à soupe. mirin japonais
- ½ tasse. Huile de canola pour la friture
- 8 cuillères à soupe. Saké de cuisine japonaise
- 3 cuillères à soupe. graines de sésame

- ¼ tasse. Fécule de maïs

Instructions

a) Dans un grand bol, placer le poulet et assaisonner avec le jus de gingembre, le saké japonais, la sauce soja et le mirin. Mariner pendant 25 minutes
b) Verser la fécule de maïs sur le poulet, en veillant à ce qu'ils soient bien recouverts de farine. Dépoussiérer l'excès de farine et déposer dans un plat
c) Faire chauffer l'huile dans une poêle et faire sécher le poulet
d) Fouetter ensemble 3 c. pâte de miso blanc, 3c. mayonnaise, 3 c. Vinaigre de riz japonais ou vinaigre de cidre de pomme, une pincée de sel et 2 c. mon chéri
e) Sortez le poulet une fois cuit et faites dorer
f) Servir avec la trempette mayo ou votre sauce préférée

66. Potstickers japonais

Ingrédients

- 1 once d'emballages wonton
- 1 ½ tasse de chou haché
- ½ tasse. échalotes asiatiques, hachées
- ¼ tasse. Carottes. Haché
- 1 livre de porc haché
- huile de sésame
- 1gousse d'ail
- 1 ail, haché finement
- 1 cuillère à soupe. sauce soja
- 1 gingembre, râpé

Instructions

a) Mélanger le porc, la carotte, le chou, l'huile de sésame, l'ail, la sauce soja et le gingembre jusqu'à ce qu'ils soient bien incorporés.
b) Étaler les wraps wonton sur une plate-forme farinée
c) Déposer une cuillerée de farce au centre de chaque emballage
d) Humidifier les emballages avec de l'eau et plier chacun dans un emballage
e) Ajustez les bords pour faire un motif
f) Placer les boulettes dans l'huile chauffée et les faire frire jusqu'à ce qu'elles soient dorées ou cuire dans une marmite à vapeur

67. Boulettes de viande teriyaki japonaises

Ingrédients

- 1 paquet (30 onces) boulettes de viande congelées
- 1 (14 onces) sauce teriyaki ou vous faites la vôtre
- Riz cuit
- 1 tasse de morceaux d'ananas

Instructions

a) À feu moyen, mélanger les boulettes de viande décongelées et la sauce teriyaki dans une grande poêle
b) Ajouter les cubes d'ananas et remuer pour mélanger. Couper le feu
c) Mettez une bonne portion de riz dans un endroit et versez les boulettes de viande prêtes dessus

68. Sandwichs d'été japonais

Temps de cuisson : 5 minutes

Portion : 2

Ingrédients:

- Tranches de pain, six
- Fraise, une tasse
- Crème fouettée, une tasse

Instructions:

a) Vous devez d'abord préparer votre pain.
b) Soit fouetter une demi-tasse de crème à fouetter dans un bol jusqu'à consistance ferme et répartir uniformément sur le pain.
c) Ensuite, lavez, coupez les tiges et coupez chaque fraise en deux au milieu.
d) Votre sandwich est prêt à être servi.

69. Rouleaux de printemps frais avec sauce

Temps de cuisson : 20 minutes

Portion : 4

Ingrédients:

- Crevettes, demi-livre
- Haricots verts, une tasse
- Feuilles de menthe ou de coriandre, au besoin
- Emballage papier de riz, douze
- Oignon de printemps, demi-tasse
- Mayonnaise, deux cuillères à soupe.
- Pâte de chili aux haricots, une c.
- Pâte de miso, une c.

Instructions:

a) Remplissez une petite casserole d'eau et ajoutez un peu de sel.
b) Ajouter les crevettes et faire bouillir jusqu'à ce qu'elles soient rose vif pendant environ cinq minutes.
c) Dans une casserole séparée, faire bouillir les haricots verts pendant cinq minutes.
d) Posez la feuille de riz sur un linge propre.
e) Disposez les feuilles de menthe ou de coriandre au fond de la feuille de riz et ajoutez les moitiés de crevettes au milieu.
f) Garnir avec les haricots verts et une ciboulette entière ou un oignon de printemps.
g) Saupoudrer un peu de sel sur le dessus au goût.
h) Repliez les côtés et roulez fermement pour vous assurer que tous les ingrédients sont à l'intérieur.
i) Préparez la sauce en mélangeant tous les ingrédients ensemble.
j) Servir les rouleaux de printemps avec la trempette comme collation ou à côté.

70. Poulet frit à la japonaise Karaage

Temps de cuisson : 30 minutes

Portion : 6

Ingrédients:

- Sauce soja, trois cuillères à soupe.
- Cuisses de poulet désossées, une livre
- Saké, une cuillère à soupe.
- Pâte gaélique et gingembre, une c.
- Fécule de pomme de terre Katakuriko, un quart de tasse
- Mayonnaise japonaise, au besoin
- Huile de cuisson, au besoin

Instructions:

a) Couper le poulet en morceaux de la taille d'une bouchée.

b) Ajouter le gingembre, l'ail, la sauce soja et le saké de cuisson dans un bol et mélanger jusqu'à homogénéité.

c) Ajouter le poulet, bien enrober et laisser mariner une vingtaine de minutes.

d) Égoutter tout excès de liquide du poulet et ajouter votre fécule de pomme de terre katakuriko. Mélanger jusqu'à ce que les morceaux soient entièrement enrobés.

e) Faites chauffer de l'huile de cuisson dans une poêle à environ 180 degrés et testez la température en y versant un peu de farine.

f) Faites frire quelques morceaux à la fois pendant quelques minutes jusqu'à ce qu'ils soient d'un brun doré profond, puis retirez et laissez égoutter sur une grille ou un essuie-tout.

g) Servir chaud ou froid avec des quartiers de citron et un filet de mayonnaise japonaise.

71. Sardines Confites Tazukuri

Temps de cuisson : 15 minutes

Portion : 4

Ingrédients:

- Graines de sésame grillées, une cuillère à soupe.
- Miel, une cuillère à soupe.
- Sauce soja, une cuillère à soupe.
- Sucre, une cuillère à soupe.
- Miel, une cuillère à soupe.
- Huile d'olive aromatisée, une cuillère à soupe.
- Saké, une c.

- Petites sardines, une tasse

Instructions:

a) Rassemblez tous les ingrédients. Vous aurez également besoin d'une plaque à pâtisserie recouverte de papier sulfurisé.

b) Mettez les bébés sardines séchées dans une poêle et faites-les griller à feu moyen-doux pendant quelques minutes ou jusqu'à ce qu'elles soient croustillantes.

c) Ajouter les graines de sésame dans la poêle et faire griller pendant deux minutes.

d) Assurez-vous de secouer la casserole constamment pour que les graines de sésame ne brûlent pas.

e) Dans la même poêle, ajouter le saké, la sauce soja et le sucre. Ajouter le miel et l'huile.

f) Porter à ébullition à feu moyen-doux et réduire la sauce jusqu'à ce que la sauce épaississe et que vous puissiez tracer une ligne sur la surface de la casserole avec une spatule en silicone.

g) Remettre les sardines dans la poêle et napper de sauce.

72. Brochettes Yakitori Grillées

Temps de cuisson : 10 minutes

Portion : 12

Ingrédients:

- Sauce Teriyaki, demi-tasse
- échalotes vertes, deux
- Cuisse de poulet, deux livres

Instructions:

a) Chauffer la sauce teriyaki dans une petite casserole à feu moyen-élevé. Porter à ébullition et réduire pour épaissir la sauce.
b) Coupez le bout blanc des échalotes en longs morceaux.
c) Préparez les brochettes.
d) Préchauffer le barbecue et enduire d'huile d'olive.
e) Placer les brochettes de poulet yakitori sur le côté grill pour cuire le poulet jusqu'à ce qu'il soit doré.
f) Retourner les brochettes et cuire jusqu'à ce que l'autre côté soit doré ou que la viande de poulet change de couleur blanchâtre.
g) Badigeonner les brochettes de poulet de sauce Teriyaki. Lorsqu'un côté est enrobé, retournez les brochettes et badigeonnez la sauce Yakitori sur le côté.
h) Répétez le processus ci-dessus une fois de plus, puis éteignez le feu.
i) Servir les brochettes de yakitori sur du riz ou accompagner d'une salade verte.

73. Boulettes de viande au gingembre doux

Portion : 4

Ingrédients:

- Pâte de gingembre et d'ail, une cuillère à soupe.
- Oeufs, un
- Dinde hachée, une livre
- Huile de sésame, demi c.
- Sauce soja, quatre cuillères à soupe.
- Chapelure, demi-tasse
- Hoisin, deux cuillères à soupe.
- Échalotes coupées en dés, au besoin
- Graines de sésame, au besoin

Instructions:

a) Préchauffer le four à 400 degrés et graisser légèrement une grande plaque à pâtisserie.

b) Dans un grand bol, ajouter la dinde, l'ail, le gingembre et bien mélanger.

c) Ajouter ensuite l'œuf, le panko, l'huile de sésame et la sauce soja et bien mélanger.

d) Étaler les boulettes de viande et les placer sur une plaque à pâtisserie.

e) Cuire au four pendant dix minutes, puis faire pivoter le moule et cuire encore dix minutes.

f) Transférer les boulettes de viande dans une grande sauteuse qui conviendra à toutes.

g) Dans un petit bol, mélanger le reste de sauce soja et le hoisin.

h) Enrober et retourner les boulettes de viande dans la sauce pendant qu'elle bouillonne et épaissir et laisser cuire quelques minutes.

i) Retirer les boulettes de viande, ajouter dans un bol et verser le reste de la sauce sur les boulettes de viande.

74. Gâteau de poisson frit Satsuma Age

Portion : 4

Ingrédients:

- Sucre, deux cuillères à soupe.
- Oeufs, un
- Filet de poisson, une livre
- Sel, au besoin
- Jus de gingembre, demi c.
- Eau, deux cuillères à soupe.
- Mélanger les légumes, deux tasses
- Sauce soja, une cuillère à soupe.

Instructions:

a) Coupez le filet de poisson en petits morceaux pour qu'il soit plus facile de faire de la pâte dans un robot culinaire.

b) Ajouter les morceaux de poisson, le saké, le jus de gingembre, le sel et le sucre dans un robot culinaire et mixer jusqu'à ce que le mélange devienne pâteux.

c) Ajouter l'œuf à la pâte de poisson et bien mélanger.

d) Ajouter tout le mélange de légumes dans un grand bol et bien mélanger en veillant à ce que les morceaux de légumes soient uniformément enrobés de farine de maïs.

e) Ajouter la pâte de poisson dans le bol et bien mélanger.

f) Faire chauffer l'huile dans une poêle ou une poêle à 170 degrés.

g) Prenez le mélange de galette de poisson et faites une boule.

h) Faire frire jusqu'à ce que le dessous du gâteau de poisson soit doré.

i) Retirer la galette de poisson et égoutter l'huile sur une grille ou du papier absorbant.

75. Maïs soufflé aux algues nori

Temps de cuisson : 30 minutes

Portion : 6

Ingrédients:

- Graines de sésame noir, une cuillère à soupe.
- Cassonade, une cuillère à soupe.
- Sel, demi c.
- Huile de noix de coco, demi c.
- Noyau de maïs soufflé, demi-tasse
- Beurre, deux cuillères à soupe.

- Flocons d'algues Nori, une cuillère à soupe.

Instructions:

a) Dans un pilon et un mortier, réduire en poudre fine les flocons d'algue nori, les graines de sésame, le sucre et le sel.

b) Faire fondre l'huile de coco dans une grande casserole à fond épais.

c) Ajouter les grains de maïs soufflé, couvrir avec un couvercle et cuire à feu moyen jusqu'à ce qu'ils éclatent.

d) Ajoutez immédiatement le reste du maïs une fois le maïs éclaté, remettez le couvercle et faites cuire, en secouant la casserole de temps en temps jusqu'à ce que tous les grains soient éclatés.

e) Transférer le maïs soufflé dans un grand bol et verser sur le beurre fondu, si vous en utilisez.

f) Saupoudrez sur votre mélange de nori sucré et salé et utilisez vos mains pour bien mélanger jusqu'à ce que chaque morceau soit enrobé.

g) Garnir avec les graines de sésame restantes.

DESSERTS

76. Shochu japonais citronné

Ingrédients

- 20 ml de jus de citron frais
- 20 ml de shochu
- 40 ml d'eau gazeuse
- Citron vert et quartiers de citron pour garnir

Instructions

a) Dans un shaker propre, verser tout le contenu et bien agiter pour mélanger
b) Ajoutez des glaçons dans les verres prêts et versez la boisson dans chacun
c) Servir avec des quartiers de citron et de lime

77. Bonbons mochi

Ingrédients

- 1 ½ tasse. Anko préfabriqué
- 11/2 tasse. l'eau
- 1 tasse. Katakuriko (amidon de maïs)
- ½ tasse. du sucre
- 1 ¼ tasse. shiratama-ko (farine de riz)

Instructions

a) Chauffer ½ tasse. L'eau. Ajouter ½ tasse. Sucre, porter à ébullition

b) Incorporer la moitié de la poudre d'Anko. Bien remuer pour mélanger
c) Ajouter plus d'eau s'il est sec, en remuant jusqu'à ce qu'il se solidifie. Laisser refroidir
d) Une fois refroidi, ramasser le contenu et mouler en 10 petites boules ou plus
e) Mélanger le sucre restant et l'eau dans un petit bol, réserver
f) Versez la farine de riz dans un bol. Verser délicatement le mélange de sucre dans la farine, en remuant pour former une pâte
g) Placez-le au micro-ondes et faites chauffer pendant 3 minutes
h) Vaporisez un peu de katakuriko sur la surface, retirez la pâte et placez-la sur la plate-forme farinée.
i) Pétrissez-le doucement, coupez-le en boules et aplatissez chaque boule.
j) Placer une boule d'Anko dans chaque pâte plate, la rouler pour former une boule

78. Brochettes de fruits japonaises

Ingrédients

- 2 tasses. Fraise. DE décortiqué et pointes enlevées
- 12 olives vertes
- 2 tasses. Cubes d'ananas ou 1 boîte d'ananas
- 2 tasses. Kiwis tranchés
- 2 tasses. Mûres
- 2 tasses. Myrtilles
- 9 brochettes ou cure-dents

Instructions

a) Égoutter l'excès de liquide des fruits et les fixer alternativement sur les brochettes
b) Disposer les brochettes farcies dans un plateau et laisser reposer au réfrigérateur pendant 1 heure
c) Retirer et servir quand c'est prêt

79. Agar salsa fruitée

Ingrédients

- 1 bâton. Gélose Kanten (gelée de fruits)
- 1 petite boîte. segments de mandarine
- 40g de shiratama-ko (farine de riz)
- 3 cuillères à soupe. haricots rouges préfabriqués
- 10kg. du sucre
- 1 tasse. Fruits mélangés de kiwis, fraises, etc.

Instructions

a) Placer la gélose Kanten dans de l'eau froide, laisser tremper jusqu'à ce qu'elle devienne molle

b) Faites bouillir 250 ml d'eau, égouttez le tendre Kanten de l'eau et ajoutez-le à l'eau bouillante. Ajoutez du sucre et faites bouillir jusqu'à ce que Kanten soit bien dissous. Verser dans un bol, laisser refroidir et congeler au congélateur pour figer

c) Versez le shiratama-ko dans un bol, ajoutez un peu d'eau et remuez pour former une pâte. Roulez-le et coupez-le en boules

d) Faites bouillir une autre grande casserole d'eau, ajoutez les boules de shiratama-ko lorsque l'eau bout et faites cuire jusqu'à ce que les boules flottent au-dessus de l'eau bouillante.

e) Placez les fruits coupés dans un bol, ajoutez les boules de shiratama-ko prêtes, prélevez une partie des haricots rouges, de la mandarine, coupez le set Kanten en cubes et ajoutez-les dans le bol.

f) Arroser de sirop de mandarine ou de sauce soja si disponible et servir

80. Coupe japonaise fruitée

Ingrédients

- 1 boîte. sucrer le lait concentré
- 1 boîte. Cocktail de fruits (800g). drainé
- 1 bouteille (12oz) de kaong. Parfaitement égoutté et rincé
- 1 tasse. Viande de noix de coco. Couper finement en lanières
- 1 bouteille (10oz) de gel de noix de coco
- 1 paquet (220 ml) de crème tout usage

- 1 tasse. Fromage. couper en cubes

Instructions

a) Dans un petit bol, mélanger le lait concentré avec la crème
b) Versez les autres ingrédients dans le mélange de lait prêt. Bien mélanger pour mélanger
c) Couvrir le bol et réfrigérer pendant 3 heures
d) Retirer du congélateur et servir !

81. Boulettes de riz japonaises jiggly

Ingrédients

- 70g de riz japonais. Cuit à tendre
- 6 cuillères à soupe. sauce soja
- 1 lb de thon cuit

Instructions

a) Préchauffer le gril
b) Versez le riz cuit et refroidi dans votre paume ou utilisez un moule à onigiri pour former une boule de riz.
c) Faites une ouverture dans la boule et ajoutez la garniture, le thon et refermez-la. (Enveloppez autant de balles que vous le pouvez)
d) Graisser le moule avec un aérosol de cuisson et y placer les boules
e) Faites-le griller dans un four préchauffé pendant 12 minutes, en le retournant de temps en temps jusqu'à ce qu'il soit assez hâlé.
f) Retirer du feu et peindre avec la sauce soja
g) Remettre sur le feu et servir !

82. Kinako Dango

Temps de cuisson : 5 minutes

Portion : 4

Ingrédients:

- Kinako, demi-tasse
- Sucre granulé, deux cuillères à soupe.
- Eau froide, demi-tasse
- Poudre de Dango, une tasse
- Sel casher, demi c.

Instructions:

a) Dans un bol à mélanger, ajouter la poudre de Dango et l'eau. Bien mélanger jusqu'à ce que le tout soit bien mélangé.
b) Prenez un peu de pâte et formez une boule.
c) Posez-le sur une assiette et répétez jusqu'à ce que toute la pâte soit utilisée.
d) Réserver un bol d'eau froide.
e) Ajouter les boules de dango à l'eau bouillante et faire bouillir jusqu'à ce qu'elles remontent jusqu'au sommet.
f) Égoutter et ajouter à l'eau froide. Laisser reposer quelques minutes jusqu'à ce qu'ils refroidissent et s'égouttent.
g) Dans un autre bol, ajouter le kinako, le sucre et le sel et bien mélanger.
h) Mettez la moitié du mélange de kinako dans un bol de service, ajoutez les boules de dango et recouvrez des restes de kinako.
i) Votre repas est prêt à être servi.

83. Pudding à la citrouille à la japonaise

Temps de cuisson : 25 minutes

Portion : 2

Ingrédients:

- Purée de citrouille, une tasse
- Sucre, trois cuillères à soupe.
- Extrait de vanille, une c.
- Oeufs, deux
- Poudre de gélatine, deux cuillères à soupe.
- Sirop d'érable, au besoin

Instructions:

a) Dissoudre la gélatine en poudre avec le lait.

b) Pendant ce temps, mettez la purée de citrouille et le sucre dans un bol, remuez et passez au micro-ondes à puissance maximale pendant trente secondes.

c) Incorporer le mélange de lait et de gélatine et l'ajouter à la citrouille et au sucre. Incorporer les œufs et l'extrait de vanille et bien mélanger.

d) Débarrassez-vous des morceaux non mélangés laissés dans la passoire.

e) Placez une casserole ou une casserole profonde sur un brûleur et placez les ramequins à l'intérieur.

f) Allumez le feu et portez l'eau à ébullition.

g) Coupez le feu et vérifiez la fermeté des boudins. La texture doit être un peu ferme mais toujours crémeuse comme du pudding.

h) Refroidir les puddings au réfrigérateur jusqu'à ce qu'ils soient complètement refroidis.

84. Dorayaki

Temps de cuisson : 15 minutes

Portion : 6

Ingrédients:

- Miel, deux cuillères à soupe.
- Oeufs, deux
- Sucre, une tasse
- Farine, une tasse
- Poudre à pâte, une c.
- Pâte de haricots rouges, demi-tasse

Instructions:

a) Rassemblez tous les ingrédients.
b) Dans un grand bol, mélanger les œufs, le sucre et le miel et bien fouetter jusqu'à ce que le mélange devienne mousseux.
c) Tamiser la farine et la levure dans le bol et mélanger le tout.
d) La pâte doit être légèrement plus lisse maintenant.
e) Chauffer une grande poêle antiadhésive à feu moyen-doux. Il est préférable de prendre son temps et de chauffer lentement.
f) Lorsque vous voyez que la surface de la pâte commence à bouillonner, retournez-la et faites cuire l'autre côté.
g) Mettre la pâte de haricots rouges au centre.
h) Envelopper le dorayaki d'une pellicule plastique jusqu'au moment de servir.

85. Gâteau au fromage japonais moelleux

Ingrédients:
- Glace à la vanille
- Mélange de brownies, une boîte
- Sauce au fudge chaud

Instructions:
a) Préchauffez le four à 350 degrés.
b) Couper des bandes de papier d'aluminium pour aligner des moules à muffins géants.
c) Superposez les bandes de manière croisée pour les utiliser comme poignées de levage lorsque les brownies sont cuits.
d) Vaporiser du papier d'aluminium dans une casserole avec un aérosol de cuisson.

e) Préparez la pâte à brownie comme décrit au dos de la boîte ou selon votre recette préférée.
f) Répartir la pâte uniformément dans les moules à muffins. Les moules à muffins seront remplis aux 3/4 environ.
g) Placer le moule à muffins sur la plaque à pâtisserie à rebords et cuire au four préchauffé pendant 40 à 50 minutes.
h) Retirer du four et laisser refroidir dans le moule pendant 5 minutes, puis transférer sur une grille de refroidissement pendant dix minutes supplémentaires.
i) Vous devrez peut-être utiliser un couteau à beurre ou une spatule à glaçage pour desserrer les côtés de chaque brownie, puis les retirer du moule à muffins à l'aide des poignées en aluminium.
j) Servir le brownie chaud sur une assiette surmontée d'une boule de glace à la vanille et d'une sauce au fudge chaud.

86. Glace au matcha

Temps de cuisson : 5 minutes

Portion : 2

Ingrédients:

- Matcha en poudre, trois cuillères à soupe.
- Moitié-moitié, deux tasses
- Sel casher, une pincée
- Sucre, demi-tasse

Instructions:

a) Dans une casserole moyenne, fouetter ensemble la moitié-moitié, le sucre et le sel.
b) Commencez à cuire le mélange à feu moyen et ajoutez la poudre de thé vert.
c) Retirer du feu et transférer le mélange dans un bol posé dans un bain de glace. Lorsque le mélange est froid, couvrir d'une pellicule plastique et réfrigérer au réfrigérateur.
d) Votre plat est prêt à être servi.

87. Taiyaki

Temps de cuisson : 15 minutes

Portion : 5

Ingrédients:

- Farine à gâteau, deux tasses
- Poudre à pâte, une c.
- Bicarbonate de soude, une demi c.
- Sucre, une tasse
- Oeuf, deux
- Lait, demi-tasse

Instructions:

a) Tamiser la farine à gâteau, la poudre à pâte et le bicarbonate de soude dans un grand bol.
b) Ajouter le sucre et bien fouetter pour bien mélanger.
c) Dans un bol moyen, fouetter l'œuf puis ajouter le lait.
d) Mélanger les ingrédients secs avec les ingrédients humides et bien fouetter.
e) Versez la pâte dans une tasse à mesurer ou un pichet.
f) Faites chauffer la poêle Taiyaki et graissez la poêle avec de l'huile végétale à l'aide d'un pinceau.
g) Remplir le moule à poêle Taiyaki à environ 60% à feu moyen-doux.
h) Fermez le couvercle et retournez immédiatement.
i) Puis retournez et faites cuire. Ouvrez et vérifiez si le Taiyaki est de couleur dorée.

88. Zenzaï

Temps de cuisson : 15 minutes

Portion : 4

Ingrédients:

- Mochi, une tasse
- Haricots rouges, une tasse
- Sucre, trois cuillères à soupe.

Instructions:

a) Placez les haricots rouges et cinq tasses d'eau dans une casserole.
b) Porter à ébullition et cuire pendant cinq minutes, puis égoutter les haricots et jeter l'eau dans laquelle ils ont été cuits.
c) Maintenant, égouttez les haricots en réservant l'eau dans laquelle ils ont été cuits.
d) Mettez les haricots égouttés dans la casserole, ajoutez le sucre et faites cuire à feu moyen pendant dix minutes en remuant constamment.
e) Versez ensuite l'eau de cuisson des haricots, assaisonnez de sucre et remuez à feu doux.
f) Cuire les mochi sur un gril ou dans un four grille-pain jusqu'à ce qu'ils se dilatent et brunissent légèrement.
g) Mettre le mochi dans un bol de service et recouvrir d'une boule de soupe aux haricots.

89. Okoshi

Temps de cuisson : 10 minutes

Portion : 3

Ingrédients:

- Riz cuit, une tasse
- Huile de tempura, une cuillère à soupe.
- Sucre, une tasse
- Riz soufflé, une tasse
- Arachides, demi-tasse

Instructions:

a) Étalez le riz cuit sur une plaque à pâtisserie en une fine couche et placez-le sur une passoire plate ou un plateau de service.

b) Lorsque le riz devient translucide et croustillant, il est prêt pour une préparation ultérieure. Tout d'abord, décomposez les grumeaux à l'aide de vos doigts.

c) Tapisser un moule à okoshi de papier cuisson.

d) Chauffer l'huile de tempura à 180 degrés et faire frire le riz.

e) Mélangez le sucre avec de l'eau et faites cuire à feu moyen jusqu'à ce que le sirop commence à frémir, puis baissez le feu et, si vous le souhaitez, ajoutez des cacahuètes.

f) Mélanger rapidement le riz soufflé frit et le sirop de sucre et transférer dans un récipient. Couvrir le dessus d'une plaque à pâtisserie et presser avec un objet lourd et plat.

g) Couper en petits morceaux et servir.

90. Dango

Temps de cuisson : 10 minutes

Portion : 6

Ingrédients:

- Farine de riz Joshinko, une tasse
- Farine de riz Shiratamako, une tasse
- Sucre, demi-tasse
- Eau chaude, au besoin

Instructions:

a) Mélanger la farine de riz non gluant joshinko, la farine de riz gluant shiratamako et le sucre.
b) Ajouter l'eau chaude petit à petit en mélangeant bien.
c) Couvrez le bol dans lequel vous avez mélangé votre mélange de dango et passez au micro-ondes pendant quelques minutes. Humidifiez à nouveau vos mains et roulez la pâte en boules de taille égale.
d) Votre plat est prêt à être servi.

91. Kasutera

Portion: 24

Ingrédients:

- Lait, une tasse
- Miel, deux cuillères à soupe.
- Farine, deux tasses
- Sucre, une tasse

Instructions:

a) Réglez le four pour préchauffer à 170 degrés.
b) Enduisez d'abord le fond et les côtés d'un plat allant au four avec du beurre ou du shortening, puis tapissez-le de papier sulfurisé, de sorte qu'une partie du papier dépasse des côtés du plat.
c) Saupoudrer le fond de la casserole de sucre.
d) Porter une casserole d'eau à ébullition, puis retirer du feu.
e) Fouetter le lait et le miel ensemble et tamiser la farine en double.
f) Ajouter les œufs et le sucre dans le bol.
g) Ensuite, ajoutez le mélange de lait et de miel, puis ajoutez la farine cuillère à soupe par cuillère à soupe, en fouettant tout le temps jusqu'à incorporation.
h) Lorsque le gâteau est suffisamment froid pour être manipulé, mettez-le dans un sac en plastique et fermez-le. Réfrigérer quelques heures.
i) Votre plat est prêt à être servi.

RECETTES DE RAMEN ET SUSHI

92. Shoyu Ramen

Temps de cuisson : 30 minutes

Portion : 4

Ingrédients:

- Chashu, une tasse
- Nitamago, au besoin
- Shiitaké, au besoin
- La-yu, au besoin
- Nori, demi-tasse

- Ramen, quatre paquets
- Dashi, demi-tasse

Instructions:

a) Dans une casserole d'eau bouillante salée, cuire les ramen en remuant avec des pinces ou des baguettes jusqu'à ce qu'ils soient cuits, environ une minute.

b) Dans une petite casserole à feu moyen, chauffer le dashi et les shiitake jusqu'à ce qu'ils frémissent à peine.

c) Cuire une minute et retirer du feu.

d) Mettez les shiitakes de côté.

e) Ajouter le dashi et les nouilles dans le bol de service.

f) Garnir de chashu, de nitamago, de shiitake, d'oignon vert, d'un filet de la-yu et de nori, si désiré.

93. Ramen miso

Temps de cuisson : 10 minutes

Portion : 2

Ingrédients:

- Pâte de miso, deux cuillères à soupe.
- Mélanger les légumes, une tasse
- Ramen, deux paquets
- Sauce soja, une cuillère à soupe.

Instructions:

a) Cuire les ramen et faire bouillir les légumes.
b) Mélangez maintenant tous les ingrédients restants et servez chaud.

94. Ramen simple au poulet fait maison

Temps de cuisson : 10 minutes

Portion : 2

Ingrédients:

- Poulet, une tasse
- Nouilles ramen, deux paquets
- Huile, une c.
- Sel et poivre au goût

Instructions:

a) Cuire les ramen et le poulet.
b) Mélangez maintenant tous les autres ingrédients et servez chaud.

95. Ramen végétarien

Temps de cuisson : 10 minutes

Portion : 2

Ingrédients:

- Mélanger les légumes, une tasse
- Nouilles ramen, deux paquets
- Huile, une c.
- Sel et poivre au goût

Instructions:

a) Cuire les ramen et les légumes.
b) Mélangez maintenant tous les autres ingrédients et servez chaud.

96. Nouilles ramen

Temps de cuisson : 10 minutes

Portion : 2

Ingrédients:

- Nouilles ramen, deux paquets
- Pâte de miso, deux cuillères à soupe.
- Sauce soja, une cuillère à soupe.

Instructions:

a) Mélanger tous les ingrédients ensemble et bien cuire une dizaine de minutes.
b) Votre plat est prêt à être servi.

97. Ramen au porc

Temps de cuisson : 10 minutes

Portion : 2

Ingrédients:

- Viande de porc, une tasse
- Nouilles ramen, deux paquets
- Huile, une c.
- Sel et poivre au goût

Instructions:

a) Cuire les ramen et la viande de porc.
b) Mélangez maintenant tous les ingrédients et servez chaud.

98. Ramen instantané

Temps de cuisson : 10 minutes

Portion : 2

Ingrédients:

- Nouilles ramen instantanées, deux paquets
- Mélange d'épices instantané, deux c.
- Eau, trois tasses

Instructions:

a) Mélanger tous les ingrédients ensemble et cuire une dizaine de minutes.
b) Votre plat est prêt à être servi.

99. Sushi au thon

Temps de cuisson : 5 minutes

Portion : 4

Ingrédients:

- Huile de sésame, demi c.
- Oignons verts/oignons verts, deux
- Graines de sésame blanches grillées, deux c.
- Mayo épicée, deux cuillères à soupe.
- Riz à sushi (cuit et assaisonné), une tasse et demie
- Thon de qualité sashimi, quatre onces

- Sauce sriracha, trois c.

Instructions:

a) Dans un bol moyen, mélanger le thon, la sauce Sriracha, l'huile de sésame et une partie de l'oignon vert.
b) Posez une feuille de nori, côté brillant vers le bas, sur la natte de bambou. Mouillez vos doigts dans l'eau et étalez $\frac{3}{4}$ tasse de riz uniformément sur la feuille de nori.
c) Saupoudrer le riz de graines de sésame.
d) Retournez la feuille de nori de manière à ce que le côté riz soit vers le bas.
e) Placer la moitié du mélange de thon au bas de la feuille de nori.
f) Saisissez le bord inférieur de la natte de bambou tout en gardant les garnitures en place avec vos doigts, roulez-la en forme de cylindre serré.
g) Avec un couteau bien aiguisé, coupez le rouleau en deux puis coupez chaque moitié en trois morceaux.
h) Mettez une cuillerée de mayo épicée sur chaque sushi.

100. Rouleaux de sushi japonais

Portion : 4

Ingrédients:

- Demi-citron
- feuilles de Nori, deux
- Riz à sushi, deux tasses
- Crevette tempura, huit morceaux
- Tobiko, deux cuillères à soupe.
- Unagi (anguille)
- Concombres persans/japonais, un
- Avocats, un

Instructions:

a) Appuyez doucement sur les tranches d'avocat avec vos doigts jusqu'à ce que la longueur de l'avocat soit à peu près la longueur du rouleau de sushi.
b) Enveloppez la natte de bambou d'une pellicule plastique et placez la moitié de la feuille de nori, côté brillant vers le bas.
c) Retournez-le et placez les crevettes tempura, les lanières de concombre et le tobiko au bas de la feuille de nori.
d) À partir de l'extrémité inférieure, commencez à rouler la feuille de nori sur la garniture jusqu'à ce que l'extrémité inférieure atteigne la feuille de nori.
e) Placez la natte de bambou sur le rouleau et pressez fermement le rouleau.
f) En utilisant le côté du couteau, placez l'avocat sur le rouleau.
g) Placez une pellicule de plastique sur le rouleau, puis placez la natte de bambou par-dessus.
h) Couper le rouleau en 8 morceaux avec le couteau.

i) Mettez du tobiko sur chaque morceau de sushi, arrosez de mayo épicée et saupoudrez de graines de sésame noires sur le dessus.

CONCLUSION

Quel trajet! Connaître d'excellents repas japonais en valait la peine… et si vous prévoyez d'organiser une fête à thème asiatique, c'est le bon moment pour commencer à pratiquer vos compétences culinaires asiatiques et être fier de vous. Alors, n'hésitez pas à vous y essayer un par un et n'oubliez pas de nous raconter comment ça s'est passé.

La cuisine japonaise est connue pour sa variété de plats et sa vaste combinaison d'épices rares qui ne sont généralement cultivées qu'au Japon.

Bonne cuisine japonaise !

www.ingramcontent.com/pod-product-compliance
Lightning Source LLC
Chambersburg PA
CBHW071824080526
44589CB00012B/906